Violência Doméstica e Familiar

Violência Doméstica e Familiar

PROCESSO PENAL PSICOEDUCATIVO

2022

Luís Roberto Cavalieri Duarte

ALMEDINA

VIOLÊNCIA DOMÉSTICA E FAMILIAR
PROCESSO PENAL PSICOEDUCATIVO

AUTOR: Luís Roberto Cavalieri Duarte

DIRETOR ALMEDINA BRASIL: Rodrigo Mentz
EDITORA JURÍDICA: Manuella Santos de Castro
EDITOR DE DESENVOLVIMENTO: Aurélio Cesar Nogueira
ASSISTENTES EDITORIAIS: Isabela Leite e Larissa Nogueira
ESTAGIÁRIA DE PRODUÇÃO: Laura Roberti

DIAGRAMAÇÃO: Almedina
DESIGN DE CAPA: Roberta Bassanetto

ISBN: 9786556276427
Setembro, 2022

Dados Internacionais de Catalogação na Publicação (CIP)
(Câmara Brasileira do Livro, SP, Brasil)

Duarte, Luís Roberto Cavalieri
Violência doméstica e familiar : processo penal psicoeducativo / Luís Roberto Cavalieri Duarte. – São Paulo, SP : Almedina, 2022.

Bibliografia.
ISBN 978-65-5627-642-7

1. Mulheres – Direitos 2. Processo penal 3. Psicoeducação 4. Violência contra as mulheres – Legislação – Brasil 5. Violência contra as mulheres – Prevenção 6. Violência familiar – Leis e legislação – Brasil 7. Vítimas de violência doméstica I. Título.

22-116650 CDU-343.1:396.6(81)(094)

Índices para catálogo sistemático:

1. Brasil : Leis : Mulheres : Violência doméstica e familiar : Processo penal : Direito 343.1:396.6(81)(094)

Eliete Marques da Silva – Bibliotecária – CRB-8/9380

Este livro segue as regras do novo Acordo Ortográfico da Língua Portuguesa (1990).

EDITORA: Almedina Brasil
Rua José Maria Lisboa, 860, Conj. 131 e 132, Jardim Paulista | 01423-001 São Paulo | Brasil
www.almedina.com.br

Art. 226, CF. A família, base da sociedade, tem especial proteção do Estado.

§ 8º – O Estado assegurará a assistência à família na pessoa de cada um dos que a integram, criando mecanismos para coibir a violência no âmbito de suas relações.

À Deus, por ter me dado saúde e paz nesse caminho.

À Jana, minha querida esposa, pela compreensão e incentivo.

Aos meus filhos, Pedro e Matheus, pelo tempo que lhes foi subtraído.

Aos meus pais, Saulo e Eliana, pelo aporte de sempre.

A minha avó, Arlette, pela inspiração.

À Ivani, por compartilhar sua história.

Aos Professores Guilherme Roman, Ana Lúcia Pretto e Clara Roman.

RELATO DE UMA EXPERIÊNCIA

"Eu, Arlette, com 91 anos de idade, sou um dos exemplares da transição entre o patriarcado, só os homens decidiam, só os homens sentavam, os homens eram servidos por suas esposas, copo de água na mão, roupa na cama escolhidas por suas esposas para depois do banho; não abriam a geladeira, eram servidos; eu dava injeção; eu fazia teste de glicose, eu retirava urina, cinco vezes ao dia, da uretra, por bomba; eu fazia diálise à noite toda, em casa. Fiz o curso para isso.

Eu me internava no hospital, durante o tempo que fosse, junto ao marido. Ao mesmo tempo, era a mulher moderna, frequentava a sociedade, fiz universidade no tempo que poucas faziam. Se não trabalhei fora, porque o marido não deixou. Criei, entretanto, sete filhos e os formei em curso superior todos. Cozinhava, lavava e passava, engomava e costurava para a família inteira, tudo.

Quando viajava para as férias, íamos todos com malas cheias de roupa nova. Nem uma peça usada. Começava (a costurar) em agosto e saía (de férias) em dezembro. As malas já ficavam debaixo da cama se enchendo.

Essa foi a minha vida de transição da época do patriarcado para a geração moderna em todos os sentidos. Sou dona de mim mesma em pleno século XXI. Sou livre, moderna, tomo iniciativas próprias e conduzo a minha vida só."

RELATO DE OUTRA EXPERIÊNCIA

"Eu, Ivani, 50 anos, nunca gostei de servir o marido, principalmente quando se tornava um abuso e uma obrigação. Quando deitava, ele perturbava querendo que fizesse as coisas para ele. Determinava que me levantasse para buscar água, fazer a comida, limpar as sujeiras que ele largava e até relações não consentidas.

Caso não fizesse, ele me batia e batia nas crianças. Quando estava de boa, sem beber, era bom, mas quando bebia, virava um bicho, uma outra pessoa, ele se transformava. Ele não gostava que saísse de casa para trabalhar e sempre dizia que estava fazendo outras coisas na rua, e que não trabalhando.

Para conseguir dinheiro e minhas coisas, sempre tive que trabalhar fora de casa, e assim criar os filhos. A partir de 1990, comecei a trabalhar como copeira, empregada doméstica e operadora de máquina. Atualmente, viúva, a vida melhorou bastante, pois me sinto livre e tenho paz. Deito na cama sem ninguém me perturbar.

Não tenho menino pequeno e faço comida quando e como quero. Quando com ele, tinha a obrigação de cozinhar. Acredito que se ainda estivesse com ele não estaria viva."

APRESENTAÇÃO

Em busca de institutos que contribuem para o enfrentamento dos casos de violência de gênero no âmbito familiar e doméstico se apresenta de maneira original e responsável na discussão de tema tão importante para a redução de uma das tantas invisibilidades jurídicas deste país. Ao trazer a perspectiva de gênero para as reflexões no campo teórico do direito, o livro se costura nas discussões mais recentes da teoria do direito e especialmente das dogmáticas no campo criminal. Traz consigo em sua gênese os estudos descoloniais e a tentativa de remexer os pilares tradicionais da racionalidade, dos institutos e das instituições jurídicas nacionais, tão robustamente gravados por olhares e epistemes eurocêntricos.

Luís Cavalieri se coloca ao lado daqueles que estão preocupados em não apenas permanecer no campo teórico, discutindo gênero, violência, masculinidades etc., o que certamente é importante e necessário num país com tamanha marginalização histórica de tantas subjetividades, mas avança, com a experiência de um verdadeiro Defensor Público, comprometido com a redução das exclusões sociais, a imprimir por meio de ações no seu cotidiano aquilo que na academia está refletindo. É um dos significativos exemplos bem sucedidos de uma estética existencial, de um intelectual engajado, que faz de sua atuação concreta a união entre a teoria e a prática (o que é indispensável quando se está a falar de uma "ciência" que não é apenas descritiva como o Direito), e mais ainda, uma espécie de *ascese jurídica*, com um resquício do antigo sentido grego, pois suas práticas e sua disciplina envolvem suas reflexões e ações em busca de uma autovinculação à vida e à sua experiência ética no mundo.

Ao trazer sua vivência no Projeto RenovAção para o enfrentamento do patriarcado e a violência de gênero da prática forense e extrajudicial para a Academia, Luís Cavalieri se constrói e se aprofunda não apenas no tema que usualmente trabalha, mas em si mesmo, pois vascoleja sua própria formação, a construção da sociedade brasileira em si presente, e a nossa herança discriminatória, violenta e opressora de gênero. Como homens, enfrentar este tema certamente é perigoso, porque mais do que a impossibilidade do estranhamento antropológico, estamos no constante perigo de sermos arrebatados, consciente e inconscientemente, por nossas idiossincrasias fruto de nossa masculinidade, que, por si só, já é violentamente tecida.

Toda reflexão de gênero, quando feita por quem historicamente foi sediado no terreno hegemônico traz o desconforto da auto avaliação ao mesmo tempo que o receio de mal refletir, mal pensar e mal agir. Mas isto não há de ser um impedimento certamente, assim como não o foi a Luís Cavalieri. É antes uma necessidade, um encontro consigo mesmo, não de maneira penitente, mas compreensiva de equívocos, e, sobremaneira, corretiva de rumos.

Ao se apresentar como tema para refletir em seu mestrado, como orientador, coube-me desde logo ficar surpreso com a coragem de alguém já "formado" se dedicar a tal reflexão, e também reconhecer a incapacidade da orientação. Neste sentido, fui mais orientando do que orientador, mais perturbado pelo que Luís Cavalieri pensava e apresentava do que um guia possível nesta etapa formal da vida. Mas uma simbiose necessária porque, como homens, fomos nos descobrindo no tema da masculinidade à medida que o texto era escrito.

Por isto, ler a dissertação pronta do amigo Luís Cavalieri é um prazer, porque a sensibilidade da escrita, a coragem de enfrentar temas não usualmente trabalhados por homens, conduzir as reflexões jurídicas para um lugar inusitado, condividir o tema da violência de gênero com a comunidade jurídica e sua experiência prática forense, e, especialmente, instigar outros e outras a pensar ainda mais sobre o alcance da masculinidade, que deve ser dividido com muito mais gente.

Eis aqui uma leitura instigadora e provocativa, cujas proposições finais, quando saídas do papel e, quem sabe, apresentando-se como realidade, podem conseguir subir um degrau a mais no caminho para a desconstrução viciada de nossas instituições jurídicas e nossas subjetividades.

GUILHERME ROMAN BORGES

Pós-Doutor em Teoria do Direito e Direito Comparado na Panthéon Sorbonne (Paris I).
Pós-Doutor, Doutor e Mestre em Filosofia e Teoria Geral do Direito na USP.
Mestre em Sociologia do Direito e Bacharel em Direito na UFPR.
Professor de Teoria do Direito e Direitos Humanos na Universidade Católica de Brasília.
Professor de Formação Humanística na ESMAFE-PR.
Juiz Federal (TRF4).

PREFÁCIO

> *Me parece que, para as mulheres vitimadas, a justiça está associada à suspensão das agressões, à escuta de suas demandas, a responsabilização nos termos em que seus laços de afeto lhes permitirem postular. A justiça da resistência quotidiana está, portanto, atrelada a uma intervenção que trabalhe a violência com a atenção dada a uma questão familiar, que considere no seu cômputo o agressor como alguém com quem as vítimas, em sua grande maioria, se importam.*
>
> (ANA FLAUZINA)

Ao receber o rascunho da dissertação de mestrado do Luís Roberto Cavalieri, enviada algumas semanas antes da sua banca de qualificação, dei uma folheada rápida e confesso que fiquei ressabiada. Sou uma feminista e há mais de vinte anos professora de Direito Processual Penal, uma área em que normalmente homens escrevem para ensinar homens que têm a missão de acusar, defender e julgar homens. Então, estou acostumada a ler trabalhos sobre violência contra mulher escritos por eles e percebo que a grande maioria não consegue escapar das arapucas vitimizadoras e paternalistas sorrateiramente armadas pela sua própria masculinidade.

Entretanto, sou uma pesquisadora, que busca quase obsessivamente destruir preconceitos, deslocar-se, desterritorializar-se, então não seria coerente recusar o desafio de ler e avaliar o texto do Luís, que chegou a mim pelas mãos do seu orientador, acompanhado da respeitável credencial de que se tratava de um trabalho escrito por um Defensor Público, o que me animou já que sou entusiasta dessa instituição e no Estado do Paraná participei do movimento para a sua criação.

Assim, debrucei-me sobre o escrito com olhos atentos e, apesar dos necessários ajustes que o rascunho exigia, fui desvelando o caminho traçado pelo autor, que tinha esboçado como ponto de chegada reflexões sobre sua experiência profissional nos grupos reflexivos para homens acusados de violência contra mulher e no atendimento das vitimadas. Logo percebi que o autor não cometia o erro de se embrenhar nas teorias feministas sem conhecê-las e de discutir suas teses do lugar de superioridade masculina branca que a sociedade lhe atribuiu, como não é raro nos discursos de acadêmicos que se apropriam de teses abolicionistas para atacar as conquistas feministas como as Leis Maria da Penha e do Feminicídio. Ao contrário disso, constatei que a dissertação tinha a sensibilidade de analisar o que as vítimas das agressões desses homens, que eram seus companheiros, realmente precisavam para lidar com a dor e as consequências dessa violência praticada por alguém que elas amavam e em quem deveriam confiar. Nesse momento, entendi que a proposta do trabalho para um processo penal psicoeducativo passava, antes de mais nada, por ouvir as mais vulneráveis à violência doméstica, o que é essencial à descolonização do discurso jurídico, que começa a ser estudada pelos teóricos do direito. Assim como a Prof. Ana Lucia Pretto, cheguei na banca de qualificação cheia de questões e querendo saber mais sobre os projetos que o autor tinha para modificar o processo penal de modo a torná-lo pedagógico para os agressores e acolhedor para as mulheres agredidas. Então, diante das respostas, consegui compreender o potencial que a dissertação tinha para propor algo que pudesse contribuir efetivamente com a modificação das práticas de sistema de justiça criminal, de modo a fazê-lo trabalhar com a complexidade inerente ao fenômeno da violência contra a mulher, que envolve afetos, questões econômicas e até de saúde mental.

Depois de algumas discussões e das orientações essenciais que o Luís recebeu do professor Guilherme Roman Borges, a versão final do texto ficou pronta e coube a mim a honra de convidá-los à leitura dessa obra que nos explica o que está nas bases da violência de gênero, a partir da construção da masculinidade agressiva numa sociedade patriarcal, ao mesmo tempo nos aponta as falhas do Estado ao tratar dessa violência, demonstrando como não previne, não protege a vítima e não responsabiliza de maneira eficiente o seu perpetrador, optando pelo caminho fácil e ineficaz da punição e, finalmente nos apresenta soluções para esse problema dentro do próprio sistema de justiça criminal, utilizando-se das ferramentas já existentes na legislação brasileira, aperfeiçoando-as e extraindo delas o que seria necessário para tornar o próprio processo penal um espaço de ensino e aprendizagem para todos os seus atores, réus, vítimas, juízes, promotores e defensores.

Com o objetivo de demonstrar a viabilidade de sua proposta, o autor partiu da experiência exitosa de alguns Juizados de Violência Doméstica e Familiar do Distrito Federal, que aplicam a suspensão condicional do processo mesmo contrariando a literalidade da Lei Maria da Penha, e estabelecem como condição para gozo desse benefício a participação do agressor em grupos reflexivos, que buscam fazê-lo compreender a violência praticada e o ajudam a encontrar meios para modificar do seu comportamento, principalmente em relação às mulheres. Essa saída engendrada pelo sistema de justiça criminal, permite que o agressor não seja condenado, mantenha seu emprego e continue a prover sua família, que muitas vezes dele depende economicamente. Além disso, paralelamente, o poder público oferece à mulher uma rede de apoio para que possa reportar uma nova agressão, caso ela ocorra, como preconiza a Lei.

Como foi dito, com base na sua vivência profissional atuando nesses grupos, Luís aventa algumas alterações legislativas, que autorizariam não só a aplicação da suspensão condicional do processo nos crimes com pena mínima até um ano, mas também da transação penal nos casos de contravenções penais, desde que o agressor seja primário, tenha bons antecedentes, compareça aos programas de recuperação/reeducação, submeta-se a tratamento médico, nos casos de alcoolismo ou drogadição, e cumpra as medidas protetivas. Por outro lado, naquelas situações em que a condenação é inevitável, em razão da pena estabelecida para o crime, o autor preconiza a aplicação de uma atenuante genérica para o condenado que aceitar participar do projeto dos grupos psicossociais, e quando lhe for fixado regime semiaberto, a concessão de uma saída temporária para frequentar as reuniões do grupo.

É preciso ressaltar que o objetivo de tais medidas despenalizadoras não é banalizar a violência contra a mulher, mas considerar suas motivações fundadas no machismo estrutural/patriarcal da sociedade, bem como as relações de afeto envolvidas, as relações econômicas que sustentam a família abalada pelo comportamento agressivo daquele que deveria protegê-la.

O autor não cai no senso comum dos advogados criminalistas, que buscam a qualquer custo a não punição de estupradores, feminicidas e torturadores de mulheres, mas nos sensibiliza em relação às histórias de violência em que a intervenção punitiva estatal pode causar ainda mais dano às mulheres doloridas pela agressão, mas também pelo desamparo emocional e econômico. Tanto que reafirma a importância de uma rede de acolhimento dessas mulheres, que deve fornecer apoio psicológico e auxílio na resolução de assuntos trabalhistas e patrimoniais, de forma a permitir sua recuperação e seu fortalecimento para fazer cessar o ciclo de violência no seu ambiente doméstico e familiar.

Nesse sentido, posso dizer que o texto do Luís deu voz às mulheres que sofrem violência doméstica, demandando, no lugar da punição, a responsabilização dos homens agressores, afinal como explica Ana Luiza Flauzina Pinheiro:

> *As mulheres vitimadas querem, claramente, que os sons reverberem. Desejam deixar transpor para fora dos muros das casas, tudo o que a condescendência da vizinhança enxerga como assunto privado: os gritos dos abusos verbais e psicológicos, os estalos dos ossos se fraturando, o balbuciar que acompanha o choro quente depois de mais um estupro na mesa da cozinha. Quando, finalmente, toda essa poluição sonora se torna pública e rompe o silêncio que humilha tanto quanto o hematoma, a demanda é por escuta e respeito.*[1]

Enfim, o autor se preocupou com a escuta e o respeito que Dona Ivani não teve nos seus tempos de dor, como demonstra o relato trazido na sensível epígrafe desse trabalho.

[1] PINHEIRO, Ana Luiza Flauzina. Lei Maria da Penha: entre anseios da resistência e as posturas da militância. In: FLAUZINA, Ana; FREITAS, Felipe; VIEIRA, Hector; PIRES, Thula (Org). *Discursos negros: legislação penal, política criminal e racismo.* Brasília: Brado Negro, 2018.

Mas já escrevi demais e não vou lhes tirar a diversão de descobrir o que vem nas próximas páginas, agora é com vocês.

De Curitiba para Brasília, 2022.

CLARA MARIA ROMAN BORGES

Professora Associada do Departamento de Direito Penal e Processual Penal da UFPR.
Professora do Programa da Pós-graduação em Direito da UFPR.
Pesquisadora-convidada do Max-Planck Institute für Rechtsgeschichte und Rechtstheorie.

SUMÁRIO

INTRODUÇÃO

A fim de se promover a igualdade de gêneros, muitas transformações e quebras de paradigmas ocorreram no cenário social, político, cultural e jurídico ao longo do tempo, a partir das modificações provenientes dos movimentos feministas inaugurados a partir do final século XIX, visando equidade e justiça, além de conferir especial proteção às mulheres, vítimas de inúmeras formas de violências praticadas pelo homem, em especial, no âmbito familiar ou doméstico.

Em face da emancipação do tema, orientado pelo metadiscurso de ideal de luta feminista e de sua aplicação legal, fenômenos criminológicos se apresentam com conteúdo variado e de necessária análise, a fim de se investigar e compreender empiricamente se a atual forma de reprovação e prevenção do crime doméstico contra a mulher se mostra eficiente ou a revitimiza, por se adotar políticas criminais predominantemente punitivista como centro gravitador de resolução de violências domésticas e familiares.

Para melhor compreender essa problemática, forçoso atravessar um contexto sob a ótica da construção e transformação da sociedade por meio da agressividade humana, dentro do universo machista e patriarcal, abordando questão histórica da construção do homem até se chegar à compreensão sobre as medidas adotadas e a necessidade de se buscar alternativas de promoção de equidade, justiça social e proteção à mulher, especialmente para enfrentar e erradicar a supremacia do homem, que se enraizou por vários séculos, bem como apresentar algumas medidas possíveis para a contenção da violência familiar e doméstica contra a mulher.

Assim, procurar-se-á compreender a formação do ser e da sociedade a partir das masculinidades estabelecidas e dos desafios enfrentados, para então tomar dois rumos, quais sejam: um, manter-se do mesmo modo, sem implementação de novas políticas, em especial criminais, supondo já ter os mecanismos ou para evitar alcançar uma zona desconhecida e eventualmente mais arriscada, ou; dois, agir e enfrentar o novo desafio com coragem, instituindo novas técnicas diversas da simples punição, mesmo ciente das resistências. Nesse cenário, o enfoque será sobre esse segundo rumo e estudará a luta da mulher para alcançar a sua autonomia, e que, para tanto, a agressividade humana será mencionada para mostrar que a transformação social ocorre com ações e resistências, de modo a compreender a luta das mulheres em favor de sua liberdade e equidade. Esse processo de transformação social, ocorrido também no Brasil, chega ao ponto de se estabelecer regras específicas para o combate e prevenção da criminalidade doméstica. É nesse ponto que será imperioso incursionar para analisar os mecanismos de combate à violência doméstica, eminentemente punitivista, para apresentar informações empíricas sobre a (in)eficácia das medidas penais em muitas situações, ressaltando, desde logo, não apresentar uma abordagem abolicionista do direito penal, nem minimalista, mas, sobretudo, buscar métodos outros e mais eficientes para mitigar a questão dramática do ciclo da violência familiar, com o fito de estabelecer uma melhor proteção às mulheres.

O método de abordagem científico de investigação a ser desenvolvido é o indutivo, pois baseado na experiência e observações profissionais cotidianas diante de casos concretos (meio técnico observacional). O método dedutivo também é utilizado para confirmar racionalmente o efeito revitimizador sistêmico das consequências penais. Em vista de o estudo ser baseado em fenômenos ocasionados e estudados a partir das premissas do atual modelo de prevenção e combate à violência de gênero, vivenciado em casos concretos postos perante a justiça especializada, o método fenomenológico e a pesquisa empírica qualitativa serão considerados, em vista da descrição direta da experiência diária, levando-se em consideração efeitos sociais da utilização do Direito Penal, como resposta repressora da violência doméstica.

Dessa feita, acredita-se que o presente trabalho mostra-se pertinente ao cenário jurídico atual, porquanto, em que pese as formas de combate à violência doméstica já postas, o panorama ainda mostra que há muito a se fazer, especialmente diante da inexistência de prevenção ao ciclo de violência baseada nos sistemas patriarcalistas e machistas. A devida estruturação de equipe especializada é importante para a devida atenção, pois se visualiza a ausência ou pouca estrutura para os atores desse segmento jurídico e de áreas correlatas, diante da escassa implementação de políticas públicas e sociais para frear e conter as agressões intrafamiliares. Daí, mais que o direito punitivo para prevenir ou erradicar, investigar-se-á outras fontes (antropológica, filosófica, sociológica, psicológica etc.) para se estabelecer outros rumos e enfrentar o tema proficuamente.

O fim a que se propõe é estudar e verificar se há outras formas, com base em estudos multidisciplinares, mais eficazes no controle da violência de gênero, confrontando e averiguando o direito punitivo estatal para contenção da criminalidade de gênero, além de verificar mecanismos para inserção de agressores na cultura da paz e do diálogo (comunicação não-violenta), por meio de atividades multidisciplinares e pedagógicas, salutares para a quebra de paradigmas culturais.

Inevitavelmente, abordará os principais tópicos da Lei nº 11.340/06, conhecida como Lei Maria da Penha, e conferir a eventual necessidade de proteção a pessoas vulneráveis e a incidência da lei Maria da Penha em situação controvertida, como em caso de prisão preventiva de ofício e em fase inquisitorial, visando um combate eficiente do machismo e patriarcalismo, bem como incursionar nos aspectos positivos já consolidados para criticar alguns outros que, de fato, não colaboram, bem como apresentar pontos novos vivenciados em algumas experiências internas e na comunidade estrangeira durante o enfrentamento do tema, além de se refletir sobre os entendimentos jurisprudenciais dos Tribunais Superiores do Brasil.

Sem dúvida, outros meios não aceitos pela moderna orientação jurisprudencial dessa seara serão analisados para entender se há possibilidade de um efetivo meio de controle deste tipo específico de violência. Assim, abordará as medidas protetivas instituídas pela lei vigente, a transação penal e o *sursis* processual, como instrumentos para a propositura de uma solução viável, diante os resultados apresentados em casos reais, com exames psicológicos ou psiquiátricos e das intervenções das assistências sociais e jurídicas que porventura forem necessárias.

A abordagem desse tema será realizada com a máxima imparcialidade exigida, não se pendendo em favor de um ou de outro gênero, nem vir buscar um discurso da impunidade ou de extrema punição, mas de proteção da vítima, do ofensor, da família e da sociedade, por se tratar de uma matéria que se difere da criminalidade comum, mesmo convivendo em uma sociedade patriarcal e heteronormativa. Também não se identificará qualquer conotação sexista na linguagem, afinal, apesar dos preconceitos e estereótipos estabelecidos socialmente, o fim a que se propõe esse texto é, após observar os atuais meios judiciais de contenção da criminalidade doméstica e apresentar os problemas a serem superados, propor um caminho diferente empiricamente provável.

Destarte, imperioso encontrar o melhor recurso teórico e prático aplicável para evitar a existência ou a reincidência de atos violentos no seio familiar, além de se pretender evitar a discrepância que atualmente existe ao proteger somente a mulher biológica, desconsiderando outros grupos vulneráveis e, principalmente, evitar a revitimização da ofendida. Ou seja, os limites da norma serão investigados, a fim de entender a efetiva e devida proteção e resposta contra a violência doméstica, além de se pesquisar a existência de colapso do sistema de justiça e da rede de proteção, ao enfrentar as situações postas até o presente momento, no sentido de averiguar a devida implantação dos setores de atendimentos. Essa investigação será importante para evitar um indesejado fracasso da lei de proteção à mulher, quando se objetiva a reabilitação dos envolvidos. Além disso, abordará as consequências de uma sentença penal condenatória para a vítima e para o réu, a fim de expor a problemática do atual modelo judicial utilizado no combate à violência doméstica.

Igualmente interessante será o estudo sobre a reabilitação dos envolvidos com o uso do processo penal educacional como uma resposta diferenciada, sem que isso venha significar uma benevolente resposta estatal com abdicação do *ius puniendi*. Emerge, com isso, a necessidade de estudos técnicos dos institutos penais e processuais penais disponíveis para uma adequada inserção na reeducação, além de reconhecer especial relevância às manifestações dos envolvidos diretos na problemática, sem que se possa presumir a irracionalidade ou incapacidade da vítima, no momento de sua manifestação.

O enfoque de toda essa problemática seguirá para a transformação de um novo modelo de justiça, a fim de se evitar, inclusive, a "criminalização da vítima"[2], como quando esta colabora ou instiga com o descumprimento da medida de proteção estabelecida em seu favor. Este fato, que tecnicamente a torna partícipe de crime, será também uma preocupação abordada no texto, pois, comumente, muitas são as mulheres que, após denunciarem os atos de violência às autoridades e receberem as medidas protetivas, reatam o relacionamento ou tentam contato com o ofensor por vários motivos, sem a devida revogação da decisão.

No aspecto processual, o estudo sobre a ofendida será em verificar se, durante o processo criminal, especificamente na fase de conhecimento, a vítima de violência doméstica encontra-se numa situação de objeto de prova, onde os operadores do direito se debruçam especificamente sobre o conteúdo de sua palavra, ou também a observa em sua condição de pessoa (e não mero objeto de prova). Nesse contexto, mostra-se salutar investigar o valor da palavra dos envolvidos no processo criminal, ao tempo de lhes conferir um tratamento mais adequado, em vista dos laços existentes entre ofensor e ofendida, bem como o acolhimento dos envolvidos, por meio do próprio processo e da rede a ele ligada.

Apesar do grande avanço legal, ainda há sérias dificuldades de se compor a problemática com os mecanismos dispostos, uma vez que o Direito Penal e Processual Penal, como prevenção ou repressão, são os instrumentos corriqueiramente usados, conforme será analisado mais adiante. Por isso, diante das inovações havidas no âmbito judicial, mas sem a devida fundamentação legal, o trabalho ousará em propor alteração na lei protetiva para adequar as práticas judiciais.

A segmentação desse especial ramo merece também uma análise cuidadosa acerca da (in)experiência e parcialidade dos operadores desse Direito, sobretudo do magistrado, para aferir quando no processo pendem para um dos lados, seja em prol da vítima ou do ofensor, ou do próprio cartório, como quando se depara em salas de audiências, *v.g.*, incentivando a vítima a "dar mais uma chance ao agressor", quando possível,

[2] MONTANER, Raquel, ***The Non-Compliance Offence of Sentences and Measures of Protection for Domestic Violence Victims: Criminal Responsibility for the Woman Who Agrees or Instigates the Non-Compliance?*** (October 22, 2007). InDret, Vol. 4, 2007. Available at SSRN: https://ssrn.com/abstract=1416628.

logo na primeira ocorrência registrada, a fim de se evitar movimentação processual.

No âmbito da execução penal, haverá um enfoque sobre os resultados pretendidos para a prevenção da violência, especificamente, na vertente geral positiva – *inserção de valores–* e na vertente especial positiva – *reeducação*. Em todos esses casos, será investigada a eficácia da punição e a (in)efetiva proteção da mulher, além da verificação da ocorrência da revitimização da ofendida e perpetuação o ciclo de violência.

Promoverá o revolvimento de questão firmada pelo Supremo Tribunal Federal, através da ADI de nº 4424, em especial, no que concerne aos institutos despenalizadores, a fim de buscar um eventual instrumento favorável para a própria vítima, bem como apresentar eventuais falhas nas respostas dadas pelo atual modelo de ingerência familiar quando no combate à violência.

Para se tentar promover a melhoria dos mecanismos de proteção e contenção da violência doméstica, apresentará os trabalhos desenvolvidos pelos grupos reflexivos, por meio de equipe multidisciplinar, que incursiona na problemática a partir do encaminhamento dos envolvidos para a realização de encontros e de atividades desenvolvidas por equipe de profissionais de diversas áreas com foco no atendimento específico de educação e reabilitação das pessoas envolvidas na violência de gênero, trabalhando com um processo mais profundo que a simples repressão da conduta criminosa. Assim, para a implementação desse atendimento psicoeducativo, necessária a propositura de alteração legislativa, diante da ausência de amparo legal e da proibição jurisprudencial de institutos jurídicos aptos ao encaminhamento do agressor, com exceção de novel medida protetiva específica, que também será abordada.

Desta maneira, acredita-se que, através do presente trabalho, buscar-se-á uma melhor e mais adequada solução para a violência contra a mulher, sem querer exaurir a temática, e, ao mesmo tempo, lançar-se às críticas construtivas, uma vez que a utilização indiscriminada do Direito Penal, como única e exclusiva resposta estatal, como é o modelo atual brasileiro, é antever o fracasso das políticas públicas judiciais de equidade de gênero, na sua mais profunda concepção.

1.
ANÁLISE ETNOGRÁFICA DO SER E DAS CULTURAS HEGEMÔNICAS DE GÊNERO

1.1. A construção social a partir das agressividades humanas

A construção social é marcada por grandes lutas, guerras, violências, resistências, com o objetivo de dominação de um grupo de pessoas sobre a outra. Ao longo de muitos anos, a sociedade vem se formando e se transformando com agressividades. Com isso, povos foram colonizados, culturas foram estabelecidas, massacres foram praticados, lutas foram travadas, dominações foram combatidas. Em todos os episódios de luta, a agressividade foi o instrumento de imposição e resistência. A agressividade de ordem social é gerada a partir de movimentos individuais ou coletivos para a conquista ou manutenção de *status*. De fato, é um comportamento emocional[3], ínsito em todo animal, e não exclusiva do ser humano, por ser um impulso instintivo de sobrevivência, de manutenção de bens e direitos, de luta, de resistência, de injunção, de opressão. Logo, a agressividade impulsiona as ações.

[3] MENDES, Deise Daniela e outros. **Estudo de revisão dos fatores biológicos, sociais e ambientais associados com o comportamento agressivo.** Departamento de Psiquiatria, Universidade Federal de São Paulo (UNIFESP), Rev. Bras. Psiquiatr. vol.31. supl. 2. São Paulo. Oct. 2009. *Print version* ISSN 1516-4446. *On-line version* ISSN 1809-452X.

No ser humano, a agressividade é o estado emocional que se apresenta desde os primeiros anos de vida para se impor frente a uma situação desafiadora. É, muitas vezes, estimulada de forma positiva para se ter iniciativa, coragem, força para se alcançar um objetivo[4]. Agressividade é um instinto nato no homem, que eclode a partir de um evento impulsivo, como uma frustração, uma dor, um sofrimento, uma ambição, um desejo, como se vê, por exemplo, em concursos ou campeonatos esportivos, pois a agressividade está presente nas disputas. A agressividade move a sociedade e a pessoa para os seus desenvolvimentos. Por toda a vida, o ser humano apresenta condutas agressivas para alcançar seus desejos e suas vontades. Nesse viés, a agressividade pode ser aceita com normalidade, quando empregada para a mudança de um melhor *status,* sem que haja destruição. A agressividade que se refere, nesse momento, é a conduta inata que o ser humano possui com a finalidade de proteger ou buscar os seus interesses, a fim de se adaptar ou sobreviver. Por isso, pode consistir em atos de desejos ou de ódios.

A agressividade, na percepção freudiana, é considerada uma energia produtora de um incremento da tensão interna, capaz de orientar objetivos instintivos e impulsionar as ações, mediante alteração psíquica e intelectual.[5] De fato, a agressividade está associada ao medo. Este sentimento normalmente desperta o impulso da agressividade.

Sem entrar nos motivos neurofisiológicos que eclodem os atos agressivos, a agressividade humana possui dois lados: positivo (construtivo) e negativo (destrutivo). Essas espécies de agressividades não se confundem[6]. A agressividade positiva é encontrada quando o impulso transformador é adotado com a finalidade de adquirir e conquistar espaços e direitos, sem ocasionar danos ilegítimos a outrem. É aquela que impulsiona as ações humanas em busca de objetivos. Assim, a busca de novos resultados, a ânsia de se alcançar uma meta, impulsiona a pessoa ou grupo para esse

[4] PINTO, Viviane Carla de Melo Ribeiro. **Agressão: do *Homo sapiens* ao *Homo economicus*: desdobramentos políticos e educacionais**. UFES – Vitória – 2017, pag. 111.

[5] LIMA, Andréa Pereira de. O modelo estrutural de Freud e o cérebro: uma proposta de integração entre a psicanálise e a neurofisiologia. Rev. psiquiatr. clín. vol. 37, no.6 . São Paulo. 2010.

[6] DIAS, Elsa Oliveira. Winnicott: agressividade e teoria do amadurecimento. Natureza humana. v.2 n.1 São Paulo jun. 2000. Disponível em: http://pepsic.bvsalud.org/scielo.php?script=sci_arttext&pid=S1517-24302000000100001. Acesso em 21 mar 2021.

novo patamar e, quando a serviço do bem, essa agressividade é admitida e fomentada pela sociedade. É a concorrência leal. É o que ocorre, por exemplo, nas apostas, nos vestibulares, nos concursos, nos investimentos. Faz-se pelo simples prazer e contentamento.

Entretanto, esse impulso tem o seu lado negativo, opressor e destruidor de direitos e bens. O sentido negativo desse impulso é realizado por meio da violência[7], como o ato agressor que destrói algo de si mesmo ou de terceiros. Por isso, pode-se afirmar que toda violência representa uma agressão, mas nem toda agressividade é uma violência. A violência é a agressividade destrutiva, uma reação hostil, uma ação de dominação ilegítima, que se difere da agressividade construtiva.

> Existe uma diferença entre os conceitos de violência e agressividade, sendo que a primeira é utilizada de forma intencional com o fim de destruição, onde predomina a crueldade sobre a solidariedade no convívio humano. Já a agressividade é uma expressão, uma energia combativa, nem sempre violenta, que pode ser utilizada para lutar por desejos e aspirações de bem comum, que beneficie toda a sociedade (SEVERO, 2012, p. 21).[8]

Desde os primórdios, a violência está inserida na humanidade e com ela se confunde por toda a sua história. A cada tempo, a violência humana teve sua marca histórica a ser contatada por séculos, como ocorreu nos eventos coletivos ou individuais como, por exemplo, com as Cruzadas, com Jesus Cristo, com Joana D'Arc, com as I e II Grandes Guerras mundiais etc.

A violência humana, como ato de ofender outrem por diversas formas e meios, é um impulso do ser humano, realizado mediante um fazer ou um não-fazer, apto a ofender ilegitimamente bens e direitos de outrem. Em regra, não é admitida jurídica e moralmente, salvo em casos excepcionais, como ocorre com as excludentes de ilicitude (legítima defesa, estado de

[7] VILHENA, Junia de, e outra. Agressividade e violência: reflexões acerca do comportamento anti-social e sua inscrição na cultura contemporânea. Rev. Mal-Estar Subj. v.2, n.2. Fortaleza. set. 2002.

[8] PINTO, Viviane Carla de Melo Ribeiro, Agressão: **do *Homo sapiens* ao *Homo economicus*: desdobramentos políticos e educacionais.** UFES – Vitória – 2017. Disponível em http://repositorio.ufes.br/jspui/bitstream/10/8602/1/tese_11099_DISSERTA%C3%87%C3%83O%20 31%20DE%20MAIO%20%20-%20Word%20para%20PDF%20-%2018-4-17%20 %284%29%20%282%29.pdf. Pág. 31. Acesso em 06 mar. 2021.

necessidade, exercício regular de direito e estrito cumprimento do dever legal). Entretanto, a violência é uma condição básica para a sobrevivência humana, em razão da hostilidade existente no meio.[9] E, assim, foi todo o processo de construção do ser e da própria sociedade, para se valer frente a algum desafio. Não se deve olvidar que a construção e organização das sociedades foram realizadas, muitas das vezes, com o emprego da violência, especialmente física, com a finalidade de conquistar determinadas coisas e pessoas, como ocorreram com as guerras e as escravidões por todo o mundo. Nesses campos, a violência foi o fator principal para que um lado se pusesse acima do outro e conquistasse suas ambições, mediante o uso da força, e, com isso, a realização de novas culturas no local e ao seu tempo.[10]

A prevalência da força física na tomada de bens e serviços fez com que povos fossem subjugados, dominados, maltratados, humilhados, desterrados, escravizados e mortos, como, de fato, vivenciaram e vivenciam as mulheres, os índios e os negros, no Brasil. As mulheres foram tratadas como propriedade do pai ou do marido, submissa ao homem, face ao modelo patriarcal, machista e sexista. Os africanos foram privados de seus corpos, de suas terras, de suas culturas e de suas liberdades, trazidos para o Brasil a fórceps, e subjugados ao comando do sistema escravagista existente. Os índios tiveram suas terras tomadas e grande introjeção de culturas externas ao seu povo. Esses fatos históricos anunciam a utilização da violência como um fator político-ideológico, a cada tempo, a fim de estabelecer a supremacia de determinadas classes e gêneros, estabelecendo um contexto de desigualdade e segregação de pessoas e povos, modelando novas formas culturais para estabelecer valores éticos norteadores das ações humanas em cada tempo e local.

De fato, a construção e a estabilização das relações havidas entre homens e mulheres no mundo foram marcadas pela dominação e opressão masculina. Por séculos, os homens, utilizando-se de agressividades, moldaram

[9] ODALIA, Nilo. **O Que é Violência.** Ed.: Nova Cultural/ Brasiliense. São Paulo. 1985. Pág. 53.

[10] MELO, Silvana Cristina Cruz e. **Escravidão Contemporânea e Dignidade da Pessoa Humana.** Dissertação (Mestrado em Direito) – Centro de Ciências Sociais Aplicadas da Universidade Estadual do Norte do Paraná. Programa de Mestrado em Ciência Jurídica. Jacarezinho. 2010. Pág. 39.

a figura submissa da mulher, nessa dualidade de gênero, nos aspectos sociais, culturais, jurídicos, políticos, religiosos, etc. Colocaram-se acima da mulher, especialmente com o emprego da força física e psicológica, frente aos desafios que apareciam, notadamente ao se tratar de perda de espaço para elas, alcançando seus espaços de forma ilegítima, pois, como consequência, subtraíram a autonomia das mulheres, de modo a deixá-las dependentes e subjugadas nessa relação dual e sexista.[11]

No meio social, nas multifacetadas relações daí advindas, a violência se fez e ainda se faz presente para que um alcance suas pretensões resistidas pelo outro. Os conflitos e as animosidades causadas, diante de alguma frustração, fazem eclodir o senso de injustiça e de revolta e, quando não aceito pelo frustrado, emerge sentimentos e impulsos que deflagram a violência, como a raiva e a ira. Assim, com a objetificação de certos homens e de mulheres, bem como diante da necessidade ou do interesse, conferiu às relações humanas um ambiente de exploração, dominação e servidão ao mais forte.[12]

Destaca-se que a violência nem sempre se mostra pela via do emprego de força física, mas também pelo lado emocional, como o temor. A utilização do medo para a resolução de um impasse também é uma forma violenta, porquanto desconstrói a relação do diálogo para estabelecer a relação de opressor e oprimido, como se visualiza nos sistemas capitalista, patriarcal e machista.[13]

Com o sistema capitalista, apesar de alguns pontos positivos, a relação humana foi coisificada por meio da exploração de bens e serviços e, com isso, a colocar um indivíduo acima do outro com a utilização do medo como forma de resolução dos conflitos, de forma a suprimir as relações

[11] FREITAS, Lucia Barros. ***Discriminación sexista y otras formas de violência estructural e institucional contra La mujer.*** *Universidad Carlos III de Madrid. Instituto de Derechos Humanos Bartolomé de las Casas Doctorado em Derecho. Programa Derechos Fundamentales. Tesis doctoral.* Madrid, 2004. Pág. 59.

[12] ANDRADE, Joana El-Jaick. **O feminismo marxista e a demanda pela socialização do trabalho doméstico e do cuidado com as crianças.** Revista Brasileira de Ciência Política, nº18. Brasília, setembro – dezembro de 2015, pag. 274.

[13] NARVAZ, Martha Giudice, e outra. Famílias e patriarcado: da prescrição normativa à subversão criativa. Psicol. Soc. vol.18. no.1. Porto Alegre. Jan./Apr. 2006. Disponível em: https://www.scielo.br/scielo.php?script=sci_arttext&pid=S0102-71822006000100007. Acesso em 21 abr. 2021.

afetivas para dar lugar às relações econômicas. Durante muitos anos, o acesso aos bens de produção ocorreu por meio de atos de violentos e, a partir da Revolução Industrial e a estabilização do proletariado subjugado à força da burguesia e, atualmente, dos grandes empresários, a agressividade para sobreviver mudou a maneira de se operar, porquanto se intensificou para a busca do emprego e de sua manutenção. Frente ao temor do desemprego e à diminuta força do empregado, os superiores hierárquicos exploram a sua força para determinar a execução laboral em detrimento de direitos dos inferiores, especialmente em locais onde não há grande oferta de trabalho.[14]

Ao longo da história, as revoluções foram importantes para se ter a ruptura com um sistema não admitido por aquela sociedade, apesar de virem impregnadas de atos violentos de parte a parte. Nesse terreno, o capitalismo ganha espaço e emite normas de comportamentos para a sobrevivência, firmados também em um contexto extremamente machista e patriarcal.

Como afirmado, a agressividade é inerente da conduta humana[15], no sentido de impulsionar o indivíduo a buscar suas pretensões. A agressividade, de um lado positivo, faz com que pessoas busquem a melhoria de vida e bem-estar. Ao se deparar com um determinado desafio, a pessoa se esforça para vencer o obstáculo, a fim de alcançar o objetivo proposto. Os obstáculos são maiores ou menores a depender da gana, da motivação, do interesse e da persistência de cada. Do lado negativo, a agressividade segrega e limita pessoas, e, a depender dos meios empregados para buscar a satisfação do resultado, empregam-se formas que desigualam, retiram e cerceiam direitos ou oportunidades, como, de fato, ocorreu com as mulheres.[16]

[14] LUXEMBURG, Rosa. **A acumulação do capital. Estudo sobre a interpretação econômica do imperialismo**. Tradução de Moniz Bandeira. Zahar Editores. Rio de Janeiro. 1970. Pag. 60.

[15] DIAS, Elsa Oliveira. **Winnicott: agressividade e teoria do amadurecimento.** Natureza humana. v.2 n.1 São Paulo jun. 2000. Disponível em: http://pepsic.bvsalud.org/scielo.php?script=sci_arttext&pid=S1517-24302000000100001. Acesso em 21 mar 2021.

[16] MENDES, Deise Daniela e outros. **Estudo de revisão dos fatores biológicos, sociais e ambientais associados com o comportamento agressivo.** Departamento de Psiquiatria, Universidade Federal de São Paulo (UNIFESP), Rev. Bras. Psiquiatr. vol.31. supl.2. São Paulo. Oct. 2009. *Print version* ISSN 1516-4446. *On-line version.* ISSN 1809-452X.

Entre inúmeros fatores de segregação e desigualdade, tem-se que os homens não aceitavam – e, por isso, muitos ainda não aceitam –a perda de espaço e a presença de mulheres no âmbito laboral fora de casa, nem a sua assunção na administração do lar, nem a sua aquisição de novos espaços, principalmente de poder. Subjugadas ao temor e à violência dos homens, mulheres não detinham qualquer espaço nas atividades fora do lar. Dentro do lar, situavam-se exclusivamente na sua manutenção e na da família, mas sem poder decisório, que ficava ao cargo do "chefe da casa", porquanto detinha o poder para determinar os caminhos da família. Com isso, as mulheres dependiam diretamente do patriarcado para a sua sobrevivência, em razão do medo proporcionado pelo temor reverencial.[17]

Essa forma de constituição social e familiar, agressiva contra as mulheres, impera por séculos e em todo o mundo, de modo a enraizar o sexismo, o machismo e o patriarcalismo como forma de se evitar ou resolver conflitos entre os gêneros. Dessa maneira, por muitos anos, por conta dessa cultura, a mulher foi educada para servir o pai ou o marido e aceitar essa submissão, pois estes se portavam mais fortes que elas. Além de laços afetivos, a dependência financeira estabeleceu um quadro de muito temor para os dependentes. Por conta da cultura do machismo e do sistema patriarcal, as mulheres foram proibidas de ter acesso a sua independência, criando um terrível vínculo de servilismo e de aceitação do estado enraizado. Para sobreviver nesse cenário, as mulheres tiveram que se curvar às necessidades, aos prazeres, aos caprichos dos homens, sob pena de ter a sua pouca autonomia ainda mais violentada. Por isso, todas as violências contra mulheres eram (são) vistas com normalidade, a justificar ofensas físicas, sexuais, patrimoniais, religiosas, morais etc., e, ao mesmo instante, tornar impunes os fatos e os autores dos fatos ofensivos, por se acreditar na falsa justificativa de lição, educação e criação promovidas por aquele respeitado homem.[18]

[17] NARVAZ, Martha Giudice, e outra. **Famílias e patriarcado: da prescrição normativa à subversão criativa.** Psicol. Soc. vol.18 nº.1. Porto Alegre. Jan./Apr. 2006. Disponível em: https://www.scielo.br/scielo.php?script=sci_arttext&pid=S0102-71822006000100007. Acesso em 21 abr. 2021.

[18] CHEIM. Érika Oliveira Amorim Tannus. **Mulher e patriarcado. Violência de gênero contra a mulher em Carangola – MG (2006-2018).** Tese apresentada ao Programa de Pós--Graduação em História Social das Relações Políticas da Universidade Federal do Espírito

Além disso, determinadas crenças religiosas promovem a subjugação da mulher[19], recomendando a servidão ao homem, chegando ao ponto da aceitação da violência intrafamiliar, como, por exemplo, agressões físicas ou castigos como disciplina religiosa, em nome de um ente espiritual.

Como se verá, os modelos machista e patriarcal nortearam a segregação e, ao mesmo instante, se confundiram, na medida em que proibiram o acesso da mulher à educação e ao mercado de trabalho, na busca de sua independência. Por muitos anos, essa situação se perdurou e, com isso, a violência doméstica foi enxergada com neutralidade e normalidade.[20] Na política e nos espaços de poderes, os homens não admitem, pois, além de perder o lugar para a concorrência, também passam erroneamente a entender estar subservientes às mulheres, de modo a inadmitir e aceitar a presença dessas na tomada de decisões. Por isso, por longos anos, não se via mulheres nesses locais e, atualmente, poucas são as que ocupam espaços de poder, pois eram (são) proibidas de estarem nesses espaços, inclusive com uso de violência. Nesse sentido,

> *Los sistemas sociales pueden propiciar o no las conductas violentas. El sistema patriarcal es un sistema político-económico que se considera causal de diversos tipos de violencia, pero muy especialmente de la violencia contra la mujer. Por ejemplo, La mujer, el trabajo y la compensación económica. Se entiende por trabajo toda actividad remunerada o no, que contribuye al desarrollo, mejoramiento y bienestar de los seres humanos. El trabajo puede ser físico, intelectual o emocional. A través de la historia, lãs mujeres se han ocupado del hogar con sus respectivas labores domésticas sin recibir remuneración alguna excepto aquellas reclutadas como empleadas domésticas. Hoy día muchas mujeres se han incorporado a la fuerza laboral (fuera Del contexto doméstico) sufriendo la discriminación por género. Esta discriminación se manifiesta en el*

Santo, como requisito para obtenção do título de Doutora em História, na área de concentração Sociedade e Movimentos Políticos. Orientadora: Profª. Dr.ª Maria Beatriz Nader. VITÓRIA. 2019. Pag. 122.

19 SANTOS, Jeová Rodrigues dos. **O fenômeno da violência contra a mulher na sociedade brasileira e suas raízes histórico-religiosas**. Tese apresentada à Banca Examinadora do Programa de Pós-Graduação em Ciências da Religião, da Pontifícia Universidade Católica de Goiás, como requisito parcial para obtenção do grau de doutor. Goiânia. 2014.

20 Idem.

hostigamiento sexual en el empleo, la discriminación por maternidad y la diferencia de salario comparado con el hombre bajo condiciones similares de trabajo.[21]

A partir do momento em que as mulheres começaram a se insurgir contra essas culturas e práticas, especialmente a partir dos séculos XIX e XX, é que os conflitos entre homens e mulheres se acirraram e começaram a ganhar tono contra as culturas sexistas e, ao mesmo tempo, visibilidade da anomalia da aceitação desses sistemas. Com isso, ao surgirem os movimentos e as revoluções contra essas desigualdades entre os gêneros, também surgiram os movimentos opostos, escancarados ou velados, por conta das culturas estabelecidas, a fim de se manter a hegemonia masculina. Homens não aceitaram a presença feminina nos espaços políticos, sociais, trabalhistas, religiosos, muito menos, para adquirir notoriedade. Por óbvio, a tensão e os conflitos aumentam e passam a superioridade masculina se apresentar como um poder arbitrário e tirano contra as mulheres. Assim, por parte do movimento feminista passou-se a adotar uma agressividade positiva, na busca de legítima equidade e justiça, realizada por lutas político-sociais, especialmente a partir do capitalismo, quando o feminismo classista passou a buscar o espaço laboral, assumindo "uma perspectiva revolucionária, materialista e dialética em que defende a libertação das mulheres alinhada à mudança de toda a sociedade".[22]

Nesse cenário mundial, nasce o feminismo como um movimento político, social, cultural e jurídico das mulheres, com vistas a promover uma viragem em prol da própria sociedade. Esse movimento apresentou a luta das mulheres para acesso à educação, ao trabalho, às liberdades, aos bens, ao voto, de modo a lhes conferir autonomia, além da luta contra as violências, de modo a construir uma sociedade justa e livre entre os gêneros[23]. Malgrado a importância das Revoluções Industrial e Francesa,

[21] MARTÍNEZ, Alejandrina Ortiz. ***Violencia doméstica: modelo multidimensional y programa de intervención.*** *Tesis presentada para la obtención del grado de doctor por La Universidad Complutense de Madrid. Bajo la dirección del Doctor*: Emilio García García. Madrid, 2005ISBN: 84-669-2774-3. Pág. 83.

[22] LOPES, Nirleide Dantas. **A violência contra a mulher no capitalismo contemporâneo: opressão, exploração e manutenção do sistema.** Seminário Internacional Fazendo Gênero 11 & 13th. *Women's Worlds Congress* (Anais Eletrônicos), Florianópolis, 2017, ISSN 2179-510X.

[23] RIBEIRO, Diana, e outras. **As ondas feministas: continuidades e descontinuidades no movimento feminista brasileiro.** Revista de Ciências Humanas e Sociais. Disponível em:

as mulheres não foram contempladas para a aquisição dos mesmos direitos conferidos aos homens. Ao contrário, foram submetidas ao tratamento desigual proporcionado pelo machismo e patriarcalismo que imperava. Olympe de Gouges[24] e Mary Wollstonecraft[25] foram duas mulheres europeias que se insurgiram contra aqueles sistemas, ainda no século XVIII. De Gouges apresentou a "Declaração dos direitos da mulher e da cidadã", na França, em 1791, mas condenada à morte dois anos depois, em razão do seu ativismo inadmitido pelos homens. Wollstonecraft apresentou na Inglaterra um trabalho intitulado "Reivindicação dos direitos da mulher", em 1792, na busca de promover o acesso da mulher à educação. No fim do século XIX, Rosa Luxemburg[26] apresentou-se na luta da mulher operária. Em razão desses desafios enfrentados pelas mulheres, a partir do século XX, as mulheres buscaram, com agressividade positiva, alcançar seus direitos e construir uma sociedade mais equânime[27]. Essa luta ganha uma dimensão de movimento, denominado de feminista, e se projeta por meio de ondas[28].

Sucintamente, a primeira onda do feminismo foi promovida por mulheres que buscaram do direito de voto e de ser votada, pois entendiam que a partir desse direito conseguiriam igualdade nas relações. As mulheres

https://revistas.ufob.edu.br/index.php/revistasul-sul/article/download/780/989. Pag.57. Acesso em 21 abr. 2021.

24 GOUGES, Olympe de. **Declaração dos Direitos da Mulher e da Cidadã.** Disponível em http://www.direitoshumanos.usp.br/index.php/Documentos-anteriores-%C3%A0-cria%C3%A7%C3%A3o-da-Sociedade-das-Na%C3%A7%C3%B5es-at%C3%A9-1919/declaracao-dos-direitos-da-mulher-e-da-cidada-1791.html. Acesso em 25 abr. 2020.

25 WOLLSTONECRAFT, Mary. **Reivindicação dos Direitos da Mulher**. Edição comentada do clássico feminista. Editora Boitempo. São Paulo. 2016.

26 LUXEMBURG, Rosa. **A acumulação do capital. Estudo sobre a interpretação econômica do imperialismo**. Tradução de Moniz Bandeira. Zahar Editores. Rio de Janeiro. 1970.

27 FREITAS, Lucia Barros. ***Discriminación sexista y otras formas de violência estructural e institucional contra La mujer***. *Universidad Carlos III de Madrid. Instituto de Derechos Humanos Bartolomé de las Casas Doctorado em Derecho. Programa Derechos Fundamentales. Tesis doctoral.* Madrid, 2004.

28 RIBEIRO, Diana, e outras. **As ondas feministas: continuidades e descontinuidades no movimento feminista brasileiro.** Revista de Ciências Humanas e Sociais. Disponível em: https://revistas.ufob.edu.br/index.php/revistasul-sul/article/download/780/989. Pág.57. Acesso em 21 abr 2021.

viram que o direito de voto e de ser votada ajustariam as condições e, com isso, mulheres das classes altas conseguiriam obter igualdade nas suas relações com os homens; as da classe média, conseguiriam educação e bom emprego, e; as da classe baixa, por serem operárias, buscariam melhores condições de trabalho e salários. Esse movimento sufragista, inaugurado na Inglaterra, no início do século XX, se expande pelo mundo pós-guerra, cuja conquista ocorreu em diversos países.

A partir dos anos 1960 e 1970, outro movimento feminista se apresenta em busca da liberdade sexual e na luta contra a violência sexual. Novamente, a agressividade feminina norteia a construção de uma nova sociedade, livre dos abusos e dos preconceitos. Nesse tempo, buscaram-se libertações e novos significados da sexualidade feminina, inaugurando a revolução sexual. Nesta, procurou-se promover os direitos de acesso à informação e à saúde, de liberdade reprodutiva e sexual, livre de qualquer ato não consentido, momento em que também se inicia o movimento contra a violência contra as mulheres, especialmente na França e nos Estados Unidos.[29]

A partir dos anos 1990, a interseccionalidade se apresenta no movimento feminista na luta contra a opressão entre raça, classe e orientação sexual, visando desconstruir preconceitos machistas de gêneros e a promover a aceitação de outras orientações ou identidades sexuais[30]. Nessa linha de construção social, a agressividade se apresenta como fator construtivo na implementação de uma sociedade mais justa e plural, não obstante a presença da violência estrutural.

Nesse mesmo período, surge um movimento tendente à decolonialidade, com a finalidade de promover a desconstrução dos conceitos empregados pelos países colonizadores. Assim, essa desconstrução também se insere no movimento feminista e apregoa a necessidade de

[29] SOUSA, Sandra Maria Nascimento. Mulheres em movimento: memória da participação das mulheres nos movimentos pelas transformações das relações de gênero nos anos 1970 a 1980. Sandra Maria Nascimento Sousa. 2 ed. São Luís/MA: EDUFMA, 2009 ISBN 978-85-7862-064-6, págs. 20 e 60.

[30] RIBEIRO, Diana, e outras. **As ondas feministas: continuidades e descontinuidades no movimento feminista brasileiro.** Revista de Ciências Humanas e Sociais. Disponível em: https://revistas.ufob.edu.br/index.php/revistasul-sul/article/download/780/989. Pag. 57. Acesso em 21 abr. 2021.

reconhecer o feminismo indígena, asiático, negro, pós-colonial[31] e outros, de modo a reconhecer todos os fatores geopolíticos para a afirmação do gênero e, dessarte, tensionar e criticar o eurocentrismo.

Atualmente, a luta feminista ganha forte instrumento com a utilização das redes sociais para difundir os ideais feministas e tornar públicos os atos de prevenção e combate à violência contra mulheres, especialmente no âmbito familiar e doméstico.

Por óbvio, nessa evolução, a agressividade humana se mostrou presente para desconstruir e ressignificar direitos. Todas as lutas são marcadas pelo desafio e obstáculos para se alcançar os desejos e objetivos, contrapostos pela gana de se evitar a perda dos espaços masculinos. Nessas ondas, a violência para a manutenção ou o alcance dos direitos não legitimou a permanência da desigualdade. Ao contrário, a violência, entendida como agressividade negativa, tornou inacessíveis determinados direitos, evitou a construção de uma sociedade justa, estabeleceu preconceitos, desencadeou na edificação de comunidades parciais, negando direitos à parte significativa e produtora. A cada tempo, o movimento feminista travou grandes embates para o aperfeiçoamento de uma comunidade fraterna entre homens e mulheres, valendo-se positivamente das lutas, dos movimentos e da resistência, especialmente nos últimos anos. Seus anseios e ambições legitimaram as suas conquistas, pois primada pela agressividade construtiva. Por óbvio, o alcance à igualdade jurídica, social, política e religiosa, como bandeira do movimento, contrapõem-se ao movimento opressor do machismo e do patriarcalismo, além de estabelecer novos rumos ao combate à violência contra a mulher. Ressalta-se que os movimentos feministas não têm cunho sexista[32], pois não almeja a superioridade feminina, mas a sua igualdade ou equidade.

Durante essa ruptura de paradigmas, a resistência promovida pelos homens vem sendo realizada por meio de condutas enérgicas e, muitas vezes, brutais, para se firmar naquele espaço. Com receio ou inaceitação

[31] MIÑOSO, Yuderkys Espinosa. ***De por qué es necesario un feminismo descolonial: diferenciación, dominación coconstitutiva de la modernidad occidental y el fin de la política de identidad.*** *Revista de Filosofía Iberoamericana,* Dossier Epistemologias feministas latinoamericanas, n 1. São Paulo, 2017, pp. 141-171.

[32] SENKEVICS, Adriano. **O patriarcado pensado pelo feminismo radical**. Disponível em http://ensaiosdegenero.wordpress.com/tag/feminismo-radical/. Publicado em 13/02/2012. Acesso em 28 out. 2019.

da perda desses patamares que os homens desenvolveram em relação às mulheres, a violência foi e ainda é utilizada como recurso ilegítimo de defesa[33]. Veremos mais adiante que essa agressividade negativa, aliada a outro fator desinibidor, como álcool e droga, retiram os freios morais da violência e entrega ao agressor a facilidade de promover atos ruinosos contra quem quer que seja. O incrível é o fenômeno de que, quando o agressor conhece a vítima, seus freios são ainda menores[34].

Toda essa luta e avanço social e legal para as mulheres foram importantes, mas ainda há distinções injustificáveis entre os gêneros, como se depreende, por exemplo, na iniciativa privada, que oferece salários inferiores às mulheres ou, no âmbito doméstico, porquanto as tarefas do lar ainda não são isonômicas. Sem dúvida, esses dois exemplos mostram os frutos do patriarcado e do machismo que ainda imperam no Brasil e que, igualmente, mantém-se o alto índice da criminalidade doméstica, pois, na ausência do diálogo, da reflexão e da aceitação, a agressividade se inclina à violência e propicia à famigerada desconstrução do ser, fazendo-se forçoso estabelecer novos rumos para a ressignificação e desconstrução das culturas, especialmente com medidas diversas da agressividade estatal[35].

Por isso, é importante conhecer historicamente os principais fatores de risco e de violência contra a mulher, para que possa compreender os fundamentos dos atuais institutos jurídicos existentes para a proteção da mulher contra qualquer forma de violência, bem como para conferir uma transformação social voltada ao desenvolvimento de justiça e equidade de gêneros, além de autorizar a experimentação de novos instrumentos mais eficazes no âmbito judicial para a prevenção e erradicação da violência familiar e doméstica.

[33] CERQUEIRA, Daniel e outros. **Participação no mercado de trabalho e violência doméstica contra as mulheres no brasil**. Texto para discussão / Instituto de Pesquisa Econômica Aplicada. Brasília: Ipea, Rio de Janeiro, agosto de 2019. Disponível em https://www.ipea.gov.br/atlasviolencia/arquivos/artigos/9705-td2501.pdf. Acesso em 21 abr. 2021. Pág. 13.

[34] ENGEL, Cíntia Liara. **A violência contra a mulher**. Dados obtidos no IPEA. Disponível em: https://www.ipea.gov.br/retrato/pdf/190215_tema_d_a_violenca_contra_mulher.pdf. Biênio 2015-2016. Acesso em 21 abr. 2021.

[35] BEIRAS, A., Moraes, M., Alencar-Rodrigues, R. e Cantera, L. M. **Políticas e leis sobre violência de gênero – reflexões críticas**. *Universidad Autónoma de Barcelona*, Barcelona, Espanha. Disponível em: https://www.scielo.br/scielo.php?script=sci_arttext&pid=S0102-71822012000100005. Acesso: 21 abr. 2021.

1.2. As culturas modeladoras das masculinidades

Por muitos anos, a sociedade brasileira foi construída sob a ótica binária de gêneros, distinguindo e estabelecendo os comportamentos de cada um, a partir de uma heterossexualidade compulsória. Exige-se, com isso, que o homem seja o dominador e a mulher o ser dominado, enraizando a cultura machista, como a supremacia daquele sobre esta. Por isso, ao se falar em machismo ou que vivemos em uma sociedade machista, inexoravelmente surge uma conotação negativa da expressão, em razão das atitudes sexistas. A reação a essa expressão é negativa, especialmente por ter criado, a partir dela, a cultura a supremacia do homem, além do seu vínculo à violência contra a mulher. No mesmo sentido, é também o que ocorre quando se menciona a expressão patriarcal, em que pese ainda haver certo romantismo em relação a esse modelo. Esses modelos sociais construídos encontram-se naturalizados e são reproduzidos por gerações, por meio de diversos mecanismos que legitimam as arbitrárias divisões.

> A divisão entre os sexos parece estar "na ordem das coisas", como se diz por vezes para falar do que é normal, natural, a ponto de ser inevitável: ela está presente, ao mesmo tempo, em estado objetivado nas coisas (na casa, por exemplo, cujas partes são todas "sexuadas"), em todo o mundo social e, em estado incorporado, nos corpos e nos *habitus* dos agentes, funcionando como sistemas de esquema de percepção, de pensamento e de ação.[36]

A ordem social forjada com base na realidade sexualizante, determinada pela distinção, pela discriminação e pelo preconceito androcêntricos naturalizados estabeleceu a hegemonia dos homens sobre as mulheres em diversos segmentos sociais no mundo. Impera-se, dessa forma, o machismo como o complexo de atos preconceituosos que contrapõe à equidade de gêneros, a fim de privilegiar o homem em detrimento da mulher, por meio de condutas opressoras aptas a inserir a mulher a uma inferioridade em diversas situações, a ponto de se instalar como cultura. Por naturalizar esse padrão hegemônico, os homens não aceitam a equiparação dos gêneros masculinos e femininos, utilizando-se dessa retórica e de comportamentos discriminatórios para menosprezar a mulher e

[36] BOURDIEU, Pierre. **A dominação masculina**. 2ª edição. Tradução: Maria Helena Kühner. Bertrand Brasil. Rio de Janeiro. 2002, pág. 8.

os seus atos, cujo conhecimento vem desde o berço[37]. De fato, muitas vezes, o homem não percebe o seu comportamento opressor, em razão da naturalização da cultura e de sua inserção nesse modelo desde antes do nascimento. A discriminação ocorre mediante várias atitudes, como ao conferir tratamento desigual naquilo em que se igualam ou quando chega ao extremo do preconceito com atos violentos, físicos ou morais, a fim de lesar ou expor risco a bem jurídico da mulher, seja para excluí-la de certos locais ou posições, seja para forçá-la a fazer ou deixar de fazer algo contra seu consentimento. Tem, assim, a masculinidade hegemônica tóxica[38].

Importante destacar que o machismo e patriarcalismo são culturas de supremacia do homem sobre a mulher. Apesar de terem muita proximidade entre si, a distinção é tão pequena, que se chega a confundirem-se numa só cultura. Daí, não precisar conhecer quem deu origem a outra, ou seja, não se pode afirmar peremptoriamente que o machismo deflagrou o patriarcalismo ou o patriarcalismo deu origem ao machismo. É cediço que o patriarcado é a cultura da superioridade do homem mais velho em sua comunidade.[39] Não significa afirmar ser o poder do pai, mas sim a hierarquia de um homem contra outros e contra mulheres. É aqui que se difere basicamente do machismo. O sistema patriarcal confunde-se com o machismo no que tange à hierarquia entre pessoas, mas se distingue na medida em que o patriarcado não somente separa homens e mulheres, mas destaca a figura do homem mais experiente, enaltecendo-o como o ser repleto de conhecimento e sabedoria das coisas e das pessoas, a ponto de colocá-los em um patamar de respeitabilidade absoluta, frente aos demais indivíduos que compõem aquela comunidade ou família. O machismo, por sua vez, não distingue os homens viris entre si[40]. Esses são considerados superiores diante de homens ditos não-viris (em termos discriminatórios, são os homens afeminados) e, principalmente, diante de mulheres.

[37] Idem.

[38] CONNELL, Robert W. e outro. **Masculinidade hegemônica: repensando o conceito**. Rev. Estud. Fem. vol.21 no.1 Florianópolis Jan./abr. 2013. Disponível em https://doi.org/10.1590/S0104-026X2013000100014 . Acesso em 19 mar. 2021.

[39] NARVAZ, Martha Giudice, e outra. **Famílias e patriarcado: da prescrição normativa à subversão criativa.** Psicol. Soc. vol.18. no.1. Porto Alegre. Jan./Apr. 2006. Disponível em: https://www.scielo.br/scielo.php?script=sci_arttext&pid=S0102-71822006000100007. Acesso em 21 abr. 2021.

[40] SAFFIOTI, Heleieth. **Gênero, patriarcado, violência**. São Paulo: Perseu Abramo, 2004.

Independentemente de o sistema ser patriarcal ou machista, deve-se ressaltar a desigualdade de gênero que de ambas as culturas emerge. Tanto o machismo, quanto o patriarcalismo, objetificam a mulher e a menosprezam[41]. Por isso, de somenos importância a distinção, mormente por não se poder reconhecer, no plano fático, se um ato contra a mulher veio de uma cultura machista ou patriarcal. A título de exemplo, quando se proíbe uma mulher de usar um vestido decotado, estar-se-ia diante de um ato machista ou patriarcal? Em razão disso, a distinção entre o machismo e o patriarcalismo gera grande confusão, inclusive entre os estudiosos do assunto. Pedro Menezes assevera que "o machismo baseia-se na cultura patriarcal que associa à figura do pai a uma liderança, que pode ser transposta para todas as áreas do desenvolvimento social."[42] Por outro lado, há quem mencione que o patriarcado surgiu das posturas machistas desde os períodos paleolítico e neolítico[43], inclusive. Com a força física masculina, oprimiram-se mulheres, fazendo com que estas realizassem apenas os serviços domésticos ou aqueles determinados pelos homens. Em casa, com aquela mesma força masculina, estabeleceram-se padrões familiares, instituindo aquele ser forte como a figura do chefe do lar. Nesse contexto machista, acredita-se ter surgido o patriarcado. Portanto, como dito, desnecessário abordar os dois sistemas de formas distintas, no contexto aqui abordado, qual seja, de opressão às mulheres. Ressalta-se que a teoria feminista radical aponta a desnecessidade de um aprofundamento dessa divisão cultural para estabelecer tão-somente a cultura da dominação do homem sobre a mulher (sexismo).

> Feministas radicais lançaram mão do conceito de patriarcado para se referirem exclusivamente às relações de poder entre homens e mulheres enquanto feministas socialistas tentaram analisar não simplesmente o patriarcado, mas em certa medida como patriarcado e capitalismo interagem para

[41] BORGES, Clara Maria Roman e outro. **O machismo no banco dos réus. Uma análise feminista crítica da política criminal brasileira de combate à violência contra a mulher.** Revista da faculdade de direito – UFPR, Curitiba, vol. 60, n. 3, set./dez. 2015, p. 217-247.

[42] MENEZES, Pedro. **Machismo e feminismo**. Artigo publicado e disponível em https://www.diferenca.com/machismo-e-feminismo/. Acesso em 23 out. 2020.

[43] PEÑA, Marta Cintas. ***Los antecedentes neolíticos de la desigualdad de gênero.*** Universidade de Sevilla. Artigo disponível em: https://www.ciperchile.cl/2019/07/19/los-antecedentes-neoliticos-de-la-desigualdad-de-genero/. Publicado em 19.07.2019. Acesso em 15 mai 2021.

> construir relações de poder entre homens e mulheres. (...) Teorias feministas dos anos 70 iluminaram os padrões gendrados do poder que a teoria social havia, até aquele ponto, simplesmente ignorado. Em particular, foram tanto o "feminismo radical" e o "feminismo socialista" que de fato colocaram o feminismo de segunda onda no mapa acadêmico. Ambas as teorias asseguraram à política sexual um papel permanente na cultura popular e na academia, e moveram a análise gendrada do poder para uma posição de proeminência do pensamento e análise feministas.[44]

Por óbvio, pode-se pensar que os sistemas machistas e patriarcais também moldaram o capitalismo ao excluir ou oprimir as mulheres dos locais de trabalhos e de profissionalização ou de não lhas conferir o mesmo tratamento nesses locais[45]. Por isso, pode-se, eventualmente, confundirem-se os fundamentos dessa exclusão. Entretanto, o que se pode afirmar é que o capitalismo, conjugado com aqueles outros sistemas estruturais, subjugaram a força feminina de todos os locais de trabalho e de aprendizagem profissional. Assim, malgrado o capitalismo inovar nas relações humanas, manteve-se o tratamento de exclusão e subjugação das mulheres.

> O aparecimento do capitalismo se dá, pois, em condições extremamente adversas à mulher. No processo de individualização inaugurado pelo modo de produção capitalista, ela contaria com uma desvantagem social de dupla dimensão: no plano superestrutural, era tradicional uma subvalorização das capacidades femininas traduzidas em termos de mitos justificadores da supremacia masculina e, portanto, da ordem social que a gerava; no plano estrutural, à medida que se desenvolviam as forças produtivas, a mulher vinha sendo progressivamente marginalizadas da função produtiva, ou seja, perifericamente situada no sistema de produção.[46]

[44] MARTINS, Daniel Fauth Washington. **Desarmando masculinidades: uma análise crítica da experiência dos grupos para autores de violência doméstica no Estado do Paraná**. – Curitiba, 2020.

[45] SILVA, Bruna Camilo de Souza Lima e. **Patriarcado e teoria política feminista: possibilidades na ciência política**. Dissertação apresentada ao Programa de Pós-Graduação em Ciência Política da Universidade Federal de Minas Gerais, como requisito parcial à obtenção do título de Mestre em Ciência Política. Orientador: Prof. Dr. Juarez Rocha Guimarães. Belo Horizonte. 2019.

[46] SAFFIOTI, Heleieth. **A Mulher na Sociedade de Classe: Mito e Realidade.** Coleção Sociologia Brasileira. Vol. 4. Petrópolis: Vozes, 1976, pág. 36.

Além da exclusão do mercado de trabalho, durante todo o período capitalista, aquelas que alcançaram algum trabalho passaram por sérias violações, como, por exemplo, assédios, em razão do sistema machista. Mulheres foram inferiorizadas nos setores laborais[47], não se admitindo dar-lhe melhores postos que dos homens, nem salários iguais. Assim, as trabalhadoras lutam por novas conquistas, diante dos privilégios dos homens. Sem o trabalho ou com um trabalho que não possibilita o seu sustento, as mulheres permaneceram reféns de seus pais ou maridos para a manutenção do lar. Por muito tempo, aquelas que, de algum jeito, conseguiram obter bons empregos, especialmente nos últimos anos, ainda sofrem algumas violências e descréditos por parte da sociedade, tornando a sua emancipação mais árdua[48].

No Brasil, mesmo após o ingresso das mulheres em postos de trabalhos, especialmente a partir da década de 1960, mas, até a atualidade, as trabalhadoras não possuem redes de apoio dentro de seus lares, especialmente de seus maridos, que não aceitam facilmente determinadas atividades laborais de suas esposas e companheiras[49]. Destaca-se, ainda, a dupla ou tripla jornada das mulheres, pois, além do trabalho externo e/ou estudo, mantém as suas funções em casa, sentindo-se na obrigação pela manutenção do lar, sentimento esse advindo sistema patriarcal e muito exigido dentro de seu próprio lar.

Embora as afirmações acima possam estar generalizadas, é importante destacar que cada mulher, em vários momentos da vida, já passou por dissabores e humilhações, dentro e fora de casa, para alcançar algum local de trabalho ou de poder, em razão da discriminação social. A permanência desse estado de coisas faz com que as mulheres fiquem confinadas à relação de dominação masculina pelas condições e oportunidade de trabalhos disponíveis. Entretanto, a emancipação financeira traz a liberdade[50]. Sem

[47] SCHOLZ, Roswitha. Objeções da crítica da dissociação-valor a algumas abordagens da atual crítica feminista da economia. Disponível em http://www.obeco-online.org/roswitha_scholz17.htm. Acesso em 18 out. 2020.

[48] Idem.

[49] SIMÕES, Fátima Itsue Watanabe e outro. **Mulher, mercado de trabalho e as configurações familiares do século XX.** Revista Vozes dos Vales da UFVJM: Publicações Acadêmicas – MG – Brasil – Nº 02 – Ano I – 10/2012 Reg.: 120.2.095–2011 – PROEXC/UFVJM – ISSN: 2238-6424. Pág. 3

[50] Idem.

essa independência, não há liberdade nem autonomia, tornando difícil ou impossível o desvencilhamento dos fatores de risco. Por isso, mostra-se relevante a quebra dessa cultura capitalista, baseada na misoginia, de modo a proporcionar um estado social mais justo e equilibrado entre os gêneros[51], conferindo à mulher igual condição de acesso aos locais de trabalho, sem qualquer preconceito e discriminação, sendo a difusão dessa concepção um importante processo de educação social.

Devido a esse tratamento de inferiorização e exclusão da mulher do mercado do trabalho, outro nefasto fator se desenvolve consistente na existência de dependência econômica, maximizado quando inserida em uma relação onde a violência está presente[52]. A mulher que depende economicamente de seu marido, muitas vezes, mantém seu relacionamento temendo que, sem o dinheiro, pior será a sua vida. Em razão disso, suportam as diversas formas de violências, evitando denúncias às autoridades ou retratando-se delas[53]. A situação se agrava quando essa família possui filhos menores e todos dependentes exclusivamente dos recursos financeiros do homem mantenedor do lar. Nesse contexto, a masculinidade tóxica é ainda mais grave, pois emergem sentimentos negativos como ciúmes e possessividades.

Todas essas circunstâncias são apresentadas por teorias que buscam identificar os fatores da violência contra a mulher. Apesar de haver distinções e aqui não ser o objeto do trabalho, as teorias da dominação masculina, da dominação patriarcal ou da teoria relacional apontam os comportamentos como causa do conflito. Clara Roman Borges analisando os fatores da violência contra a mulher, a partir das teorias feministas apresentadas por Cecília Macdowell Santos e Wânia Pasinato Izumino (2005), afirma que há três correntes teóricas que explicam a violência contra a mulher.

> A primeira, denominada dominação masculina, tem como ponto de partida o pressuposto de que a violência contra as mulheres decorre da dominação

[51] SANTOS, Silvana Mara de Morais dos. e outra. Igualdade nas relações de gênero na sociedade do capital: limites, contradições e avanços. Rev. Katálysis. vol.13. no.1. Florianópolis. Jan./Jun 2010.

[52] Idem.

[53] PIJOAN, Elena Larrauri. ***¿Por qué retiran lãs mujeres maltratadas lãs denuncias?*** [Publicado en UNED. REVISTA DE DERECHO PENAL Y CRIMINOLOGÍA]. 2ª época, n. 12. España. 2003.

> exercida pelo homem sobre a mulher, que se encontra naturalizada e vem sendo reproduzida nas relações sociais; a segunda é chamada de dominação patriarcal, e se encontra influenciada pela perspectiva feminista e marxista, compreendendo a violência contra a mulher como fruto da dominação masculina engendrada pelo capitalismo e pelo racismo; a terceira é nominada como relacional, na medida em que concebe a violência como uma forma de comunicação entre homens e mulheres e um jogo no qual a mulher não é vítima, mas cúmplice (SANTOS; IZUMINO, 2005, p. 148).[54]

Com isso, aponta para uma efetiva mudança de comportamento, questionando as práticas de poder, que se apresentam com discurso normalizador do binômio de gênero masculino-feminino, como padrão social que marginaliza aqueles que não seguem esse modelo.[55] Assim, seja qual for a cultura, machista ou patriarcalista, ambas refletem comportamentos de superioridade abusiva do homem sobre a mulher. De Beauvoir[56], contrariando toda a ideologia de seu tempo, afirmou que ambas as culturas decorreram da construção social, especialmente quando se iniciou o período da propriedade privada, afirmando ainda que o patriarcalismo não tem correlação com a questão biológica. Para a autora, o machismo inclusive conceituou negativamente a mulher, estabelecendo a fêmea como um segundo sexo, retirando-lhe identidade social e pessoal, limitada ao patriarcado.

Seja patriarcado ou machista, esses modelos estruturados apresentaram a dualidade de gêneros, definiu as identidades (e "papeis") sociais e construiu a masculinidade hegemônica[57]. Conceituaram homem e mulher para, desde o nascedouro, estabelecer as posições privilegiadas, antagônicas e supremacista. Por muitos anos, definiu-se mulher como sendo aquela pessoa com os órgãos sexuais femininos, diferenciando-as do homem com pênis. Com o tempo, além da questão biológica, também

[54] BORGES, Clara Maria Roman e outro. **O machismo no banco dos réus. Uma análise feminista crítica da política criminal brasileira de combate à violência contra a mulher.** Revista da faculdade de direito – UFPR, Curitiba, vol. 60, n. 3, set./dez. 2015, p. 217-247.

[55] Idem.

[56] DE BEAUVIOR, Simone. O segundo sexo. Fatos e mitos. Vol. 1. 4ª edição. Tradução de Sérgio Milliet. Capa de Fernando Lemos. Editora Difusão Europeia do Livro. São Paulo. 1970.

[57] CONNELL, Robert W. e outro. **Masculinidade hegemônica: repensando o conceito.** Rev. Estud. Fem. vol.21. no.1 Florianópolis. Jan./abr. 2013. Disponível em https://doi.org/10.1590/S0104-026X2013000100014. Acesso em 19 mar. 2021.

analisou a mulher em sua acepção histórica, antropológica, psicológica, e afirmou que, apesar dessas perspectivas serem importantes, elas não são suficientes para conceituar mulher e, por isso, a célebre frase: "Não se nasce mulher, torna-se"[58], pois as mulheres, dentro dessas culturas, amoldam-se aos papeis definidos pela sociedade.

Nesse sentido, tem-se, pois, a grande estruturação do desequilíbrio entre os gêneros, desde a concepção do ser humano. Por essas culturas, ainda no ventre materno, conceituam e norteiam o ser humano a partir dos traços biológicos. Se homem, utiliza-se azul. Se mulher, rosa. Sabe-se que o conceito de gênero é de grande abstração para se resumir em uma separação binária entre homens e mulheres, chegando ao ponto de simplificar o gênero por meio do sexo biológico ou indo até a complexa identificação do ser por meio de sua identidade social, para estabelecer as identidades sociais de cada um[59]. Independentemente da necessidade de reformulação conceitual dos gêneros, deve-se compreender que a identidade feminina, dentro de uma epistemologia construtivista, fruto do processo histórico e social, sofre com a dominação masculina. Com isso, todos os fatores de definição do que é mulher mostram-se importantes, mas não suficientes, em razão da transformação das identidades e do reconhecimento do ser pela sociedade. Fácil é identificar como mulher aquele estereótipo de uma pessoa de cabelos longos, maquiada, com saia, com seios, com nome feminino, com trejeitos femininos. Complexo é o reconhecimento como mulher daquele ser transexual, travesti, lésbica, cujas identidades sofrem com o padrão determinado pelo preconceito e pelo rótulo. Para o reconhecimento da identidade feminina, a experiência individual adquire posições e conceitos para a definição do alcance da desigualdade. Além disso, a observação externa também define quem vem a ser mulher no mundo em que vive. Seja qual for o conceito de mulher adotado como padrão dentro de uma sociedade machista, a submissão e a desigualdade são os pontos geradores do conflito, seja quem for a mulher.[60]

[58] DE BEAUVIOR, Simone. **O segundo sexo. A experiência vivida**. Vol. 2. 2ª edição. Tradução de Sérgio Milliet. Capa de Fernando Lemos. Editora Difusão Europeia do Livro. São Paulo. 1967.

[59] SCOTT, Joan– ***Gender: a useful category of historical analyses. Gender and the politics of history***. *New York, Columbia University Press*. 1989.

[60] Idem

Importante destacar que, ao contrário do que imaginam, o machismo e o patriarcalismo não são exclusivos do homem. Como afirmado acima, configuram uma cultura de supremacia masculina frente à mulher, promovida mediante diferentes formas de atitude. Por isso, tanto homens quanto mulheres são moldados por essas culturas. Por óbvio, as mulheres aceitam menos que os homens essa dominação, mas isso não quer dizer que não existam mulheres machistas ou patriarcais. A título de exemplo, quando uma mãe não aceita que sua filha use uma saia curta ou uma roupa mais justa, pois isso pode incitar os homens, tem-se claramente a manifestação de seu machismo.

O machismo se manifesta de diferentes formas, de modo a proporcionar desigualdade entre homens e mulheres e, com isso, surgir violências físicas, psicológicas, morais, sexuais, patrimoniais, bem como a coisificação da mulher, especialmente quando, na disputa, empregam-se agressividades destrutivas. É aqui que se observa a masculinidade moldada pelo machismo, determinando-se o comportamento de macho[61]. Isso atinge todas as mulheres, também desde a sua concepção, em razão do preconceito inerente da própria cultura, que chega a ser despercebida por grande parte da população, quando se acredita que homens e mulheres têm papeis distintos na sociedade, especialmente afirmando-se que mulheres não podem ter os mesmos direitos ou impedindo-as de exercer determinadas atividades ou de se portarem de uma determinada maneira.

O machismo se ramifica por toda a sociedade para estabelecer os comportamentos e atingir as mulheres principalmente no seio da família, do trabalho, da política, da religião etc. e vem se apresentado de forma velada ou escancarada, de modo a inferiorizá-las em todos os demais segmentos sociais que se apresentam de forma diversa do comportamento masculino[62]. Em regra, todas as sociedades foram criadas por meio dessa nefasta cultura.

> Não se constrói padrões como esse da noite para o dia. O machismo não é invenção moderna. Acompanha as culturas das quais somos herdeiros há

[61] SILVA, Sergio Gomes da. **Masculinidade na história: a construção cultural da diferença entre os sexos.** Revista: Psicologia: Ciência e Profissão. Vol. 20. Nº. 3. Brasília. Set. 2000. ISSN 1414-9893.

[62] SAFFIOTI, Heleieth. **Gênero, patriarcado, violência**. São Paulo: Perseu Abramo, 2004.

milênios. Pode ser encontrado em ainda outras mais. Em praticamente todos os tempos históricos. O machismo não nasceu com o capitalismo: o capitalismo é que foi forjado sobre um pensamento machista. O machismo não nasceu com a Igreja: a Igreja é que tomou os contornos dele. O machismo não nasceu com a propriedade privada no pré-feudalismo europeu: esse último é que se baseou nele. O machismo não tem origem, nacionalidade. Não depende do racismo nem de classes sociais para existir. O machismo está aí — porque só passamos a enxergá-lo há pouco mais de um século, contra milênios de sua existência anterior. Porque lutamos umas poucas pessoas contra ele, enquanto as estruturas mais elementares da nossa sociedade (Estado, religião, família, conhecimento, educação, escola, ciência, filosofia, indústria, classes, racismo) já nasceram modeladíssimas por ele. O machismo é a hegemonia, descritinha, sem tirar nem por. Por isso, o machismo é sempre um sistema.[63]

Nessa passagem, verifica-se que o machismo e o patriarcalismo moldaram a sociedade, especialmente por limitar ou impedir o acesso da mulher no ensino, na produção ou na aquisição aos bens e serviços, no trabalho etc. A imposição do homem reflete a cultura de dominação, que, por gerações, foi transmitida.[64] As pessoas, por longos anos, foram moldadas e preparadas para aceitarem essa subjugação da mulher. Neutralizaram-se as justificações do homem para o seu domínio. Nesses dois sistemas, a mulher é coisificada[65], diminuída, tratada como o outro gênero, numa acepção negativa, e sempre comparada às qualidades do homem. Por séculos, descreveram a mulher a luz do homem, como sua sombra imperfeita.

"A fêmea é fêmea em virtude de certa carência de qualidades", diz Aristóteles. "Devemos considerar o caráter das mulheres como sofrendo de certa deficiência natural". E Sto. Tomás, depois dele, decreta que a mulher é

[63] MOSCHOVICK, Marília. **"Machismo estrutural", oculto e terrível. Opressão caricatural reduziu-se. Mas mulheres seguem discriminadas em posições de liderança ou forçadas a "ser como eles". Por quê?** Artigo publicado em https://outraspalavras.net/sem-categoria/machismo-a-opressao-primeira/. Acesso em 20 jan. 2021.

[64] LARRAURI, Elena. ***Criminología crítica y violência de gênero***. Editorial Trotta. 2ª edição. Espanha. 2018. Pag 38.

[65] MELHEM, Patrícia Manente e outra. **A coisificação da mulher e o reforço da negação da vitimização: retorno à "lógica da honestidade"?** Artigo publicado em https://editora.pucrs.br/anais/cienciascriminais/IV/43.pdf. Acesso em 20 out. 2020.

> um homem incompleto, um ser "ocasional". É o que simboliza a história do Gênese em que Eva aparece como extraída, segundo Bossuet, de um "osso supranumerário" de Adão. A humanidade é masculina e o homem define a mulher não em si mas relativamente a êle; ela não é considerada um ser autônomo. "A mulher, o ser relativo...", diz Michelet. E é por isso que Benda afirma em Rapport d'Uriel: "O corpo do homem tem um sentido em si, abstração feita do da mulher, ao passo que este parece destituído de significação se não se evoca o macho... O homem é pensável sem a mulher. Ela não, sem o homem". Ela não é senão o que o homem decide que seja; daí dizer-se o "sexo" para dizer que ela se apresenta diante do macho como um ser sexuado: para êle, a fêmea é sexo, logo ela o é absolutamente. A mulher determina-se e diferencia-se em relação ao homem e não este em relação a ela; a fêmea é o inessencial perante o essencial. O homem é o Sujeito, o Absoluto; ela é o Outro.[66]

Dada essa distinção machista entre homens e mulheres, especialmente, colocando-a como ser inferior ou destituída de qualidades, é que se vem construindo a sociedade ao longo dos anos. As diferenças havidas tornaram-se naturais ou aceitáveis diante dos discursos e das imposições, tornando-se culturas das relações duais de gêneros, como oposição e assimetria. Posteriormente, mesmo havendo leis expressas tentando equilibrar as relações, os costumes impedem a concretização das normas. Homens e mulheres não partilham de condições iguais ou semelhantes. Os homens sempre foram prestigiados pela própria cultura. Ao longo de muitos anos, tiveram mais posses, mais acessos, mais privilégios, sobretudo os homens brancos. Para a mulher alcançar essas condições, também dependia do homem. E, assim, constituiu a cumplicidade da própria mulher, inclusive. A mulher sempre foi descrita como o sexo frágil e, por isso, sem condições físicas e intelectuais para administrarem seus bens e sua própria vida.

A construção social feita pelo homem, desqualificando a mulher, chega, em certo tempo, em adjetivá-la como um ser imbecil para lhe conferir proteção, como expresso no Código Romano. No Código Canônico, aponta-lha como a "porta do Diabo". No Alcorão, com tratamento de

[66] DE BEAUVIOR, Simone. **O segundo sexo. Fatos e mitos.** Vol. 1. 4ª edição. Tradução de Sérgio Milliet. Capa de Fernando Lemos. Editora Difusão Europeia do Livro. São Paulo. 1970, pág. 10.

absoluto desprezo[67]. No Brasil, conferiram-lha tratamento de incapacidade jurídica até o início dos anos de 1960. Essas passagens históricas servem para elucidar a feitura legislativa pelos homens que sempre os privilegia em detrimento das mulheres. Assim, o machismo estruturou toda a sociedade, inclusive o Brasil, que não se mostra diferente, cuja emancipação feminina apresenta-se como uma agressão aos pilares machistas, especialmente com a retirada de privilégios do homem.

O sistema patriarcal ainda encontra fortes vozes, especialmente na religião, diante da interpretação dos livros sagrados, que pregam a constituição familiar sólida e amparada na figura paterna. Atualmente, apesar de religiosos respeitarem posturas diversas da dita "família tradicional", não aceitam formações distintas, por irem contra a pregação sagrada. Decerto, as próprias mulheres inseridas nesse contexto aceitam a família patriarcal, devido a sua crença. Aqui, não se está a dizer que não é aceitável. Ocorre que, como dito, o modelo patriarcal, por ser opressor, por vezes, não traz tranquilidade, felicidade, harmonia.

> No exercício da função patriarcal, os homens detêm o poder de determinar a conduta das categorias sociais nomeadas, recebendo autorização ou, pelo menos, tolerância da sociedade para punir o que se lhes apresenta como desvio. Ainda que não haja nenhuma tentativa, por parte das vítimas potenciais, de trilhar caminhos diversos do prescrito pelas normas sociais, a execução do projeto de dominação-exploração da categoria social homens exige que sua capacidade de mando seja auxiliada pela violência. Com efeito, a ideologia de gênero é insuficiente para garantir a obediência das vítimas potenciais aos ditames do patriarca, tendo este a necessidade de fazer uso da violência.[68]

Numa outra ótica, é de se observar que os homens também são moldados a seguirem padrões machistas e patriarcalistas, moldando suas masculinidades, e, quando não aceitam as regras dessas culturas, escondem-se por

[67] DE BEAUVIOR, Simone. **O segundo sexo. Fatos e mitos.** Vol. 1. 4ª edição. Tradução de Sérgio Milliet. Capa de Fernando Lemos. Editora Difusão Europeia do Livro. São Paulo. 1970, pág. 101.

[68] SAFFIOTI, Heleieth. Contribuições feministas para o estudo da violência de gênero. Dossiê: Feminismo em questão, questões do feminismo. Cad. Pagu. no. 16. Campinas. 2001.

trás de um véu, diante dos estigmas preconceituosos estabelecidos para contra aqueles que não aceitam a imposição cultural. Por isso, a libertação *gay* é vista como um ataque aos estereótipos de gênero. Segundo Connell, a "ideia de hierarquia das masculinidades cresceu diretamente a partir da experiência de homens homossexuais com a violência e com o preconceito dos homens heterossexuais"[69]. Com isso, estabelece uma relação antagônica entre os próprios homens, primado pela hegemonia da masculinidade viril, porquanto, além das mulheres, a formação do homem homossexual ou transexual na sociedade machista e patriarcal não se mostra tarefa fácil, por consistir em uma masculinidade subordinada[70]. Aquele que se insurge contra os padrões machistas sofrem censuras de diversas ordens, especialmente agressivas. Como exemplo, apesar de ser infantil, há homens que não aceitam utilizar utensílios da cor rosa, usar loções de mãos, fazer sobrancelhas, em razão dos dogmas machistas. Portanto, ser homem, dentro da sociedade hegemônica machista, pode eventualmente não ser a opção de muitos, mas que, por vezes, escondem-se por instinto de sobrevivência ou de tranquilidade, especialmente quando a sociedade imprime os papéis ou identidade de cada gênero.

Ao se estruturar a sociedade com os padrões machista e patriarcal, o insurgimento contra essas culturas demonstram atos de rebeldia por parte daqueles que primam pela desconstrução desses padrões estabelecidos[71]. Surge, portanto, o conflito dos gêneros, o estopim da violência. Os atos contrários aos privilégios dos homens, na busca do equilíbrio dos sexos, por não ser de fácil aceitação, apresentam-se como disputas e, quando acirradas, o movimento natural de "defesa" se manifesta. Ocorre que essa "defesa" mostra-se injusta e desequilibrada, por isso, desqualifica a pretensão defensiva, passando a ser um ato desproporcional permeada de grande violência. Para melhor esclarecer esse ponto, quando o homem não aceita a presença da mulher na política ou no trabalho, promove atos de exclusão, sob o fundamento de que ali não são locais para mulheres,

[69] CONNELL, Robert W. e outro. Masculinidade hegemônica: repensando o conceito. Rev. Estud. Fem. vol.21 no.1 Florianópolis Jan./abr. 2013. Disponível em https://doi.org/10.1590/S0104-026X2013000100014. Acesso em 19 mar 2021.

[70] Idem.

[71] BORGES, Clara Maria Roman e outro. **O machismo no banco dos réus. Uma análise feminista crítica da política criminal brasileira de combate à violência contra a mulher.** Revista da faculdade de direito – UFPR, Curitiba, vol. 60, n. 3, set./dez. 2015, p. 217-247.

mostrando nítida intenção de justificação ilegítima de seus interesses (local de trabalho) ou infundada desqualificação pessoal da mulher, no sentido de imprimir o molde ingênuo ou incapacitante desta[72]. No ambiente doméstico[73], para não querer perder "direitos" ou posições, que, em razão da cultura supõe ter, o homem resiste pela manutenção do *status* e do espaço, a ponto de gerar grandes conflitos quando essa pretensão é resistida. Logo, se o homem determina a mulher manter a casa limpa, o almoço feito no determinado horário, e não vê a sua determinação cumprida, tem-se um ponto de deflagração de atos violentos, como forma de imposição, por acreditar ser natural a não admissão da perda de espaços e privilégios. Ao mesmo tempo, quando ele vê a sua determinação cumprida, sem oposição, não consegue perceber a violência empregada.

Portanto, em razão das determinações sociais estabelecidas por séculos, a mudança exigida também não ocorrerá da noite para o dia, infelizmente, pois houve a naturalização dos padrões comportamentais masculinos exigidos socialmente (masculinidade). Contra isso ou para buscar os espaços, as mulheres lutam (geralmente com agressividade positiva) para alcançar e ocupar seus lugares de forma legítima. Os homens, machistas, não aceitam e resistem às muitas pretensões femininas, a ponto de se chegar às diversas formas de violências (agressividades negativas). Não se está a justificar a violência, mas tentar compreender a sua existência, apesar de inaceitável e injustificável. É aí que reside a masculinidade tóxica. E, é o que deve ser enfrentado. O que se observa é a existência de muitos conflitos em razão dos papeis estabelecidos pelo machismo e o patriarcalismo[74]. Para visualizar, isso ocorre quando, por exemplo, um homem não admite que sua esposa não tenha feito a sua janta e, por isso, decide castigá-la. Isso, horrorosamente, ainda existe no Brasil todos os dias. Mas, reparem: esse homem é capaz de entender, após ter sido moldado e instruído apenas pelo machismo e pelo sistema patriarcal? Essa

[72] BURILLE, Celma Faria de Souza. **O papel das mulheres na organização do espaço social na sociedade colonial.** Oficina do DEB Itinerante. 2010. Disponível em: Acesso em: 10 out. 2020. Revista Maiêutica, Indaial, v. 3, n. 1, p. 19-30, 2015.

[73] ANDRADE, Joana El-Jaick. **O feminismo marxista e a demanda pela socialização do trabalho doméstico e do cuidado com as crianças.** Revista Brasileira de Ciência Política, nº18. Brasília, setembro – dezembro de 2015.

[74] BLAY, Eva Alterman. **Feminismos e masculinidades: novos caminhos para enfrentar a violência contra a mulher.** 1ª Edição. São Paulo: Cultura Acadêmica, 2014.

reflexão não está para justificar a conduta violenta desse homem, mas para entender a masculinidade tóxica e justificar as medidas educativas que adiante serão expostas.

Por certo, o homem que agride, de algum modo, a sua esposa, quando esta não lhe serve o jantar, tem plena consciência e vontade para realizar a sua conduta ilícita. Igualmente, tem discernimento, conhece o direito e pode agir de outra forma. Portanto, na acepção jurídico-penal, temos a perfeita subsunção do fato em tipos penais incriminadores, a merecer a a reprovação jurídica. Mas, diante da construção do ser humano, o direito penal é capaz de diminuir ou elidir o ciclo da violência promovida por razão cultural? Os instrumentos jurídico-penais conseguem dar o devido atendimento à sociedade? Levam os fins da pena para o homem agressor? E a vítima, terá amparado e tranquilidade com as diretrizes da lei protetiva? Adiante, será abordado as consequências e os resultados obtidos com o tratamento jurídico-penal na prevenção e reprovação dos crimes familiares e domésticos contra a mulher, base na cultura machista, para se ter uma melhor compreensão dessas indagações.

O importante é reconhecer a importância de se ter uma grande mudança social e quebra de paradigmas, pois se acredita que o machismo e patriarcalismo são grandes fatores da violência de gênero e produtores das masculinidades destrutivas. Isso só será devidamente combatido e erradicado quando novos ensinos e educações forem promovidos dentro de todos os espaços necessários para a difusão desse conhecimento, a fim de eliminar proficuamente com a desigualdade e com o preconceito. Como corolário, haverá a diminuição da violência contra mulher. Como reflexo dessa desconstrução, tem-se a pacificação social com a ressignificação dos gêneros.

1.3. A masculinidade como elemento estruturante do ciclo de violência

Segundo os gramáticos, o sufixo "dade" significa a "qualidade" ou o "modo de ser"[75]. Realizando uma simples análise morfológica das palavras, depreende-se que masculinidade é o modo de ser masculino; feminilidade,

[75] PEZATTI, Erotilde Goreti. **A gramática da derivação sufixal: os sufixos formadores de substantivos abstratos**. Departamento de Letras Vernáculas – Instituto de Biociências, Letras e Ciências Exatas – UNESP – 15055 – São José do Rio Preto – SP. 1990. Pág. 156.

modo de ser feminino; virilidade, a qualidade de viril. Mas o que são? O que os diferencia?

Diversas são as disciplinas que buscam a compreensão e a extensão das masculinidades para uma devida intervenção, pois a epistemologia e o estudo sobre gêneros passam a interagir e a realizar a identificação dos problemas a serem resolvidos de forma interdisciplinar para a propositura de formas de implementações de políticas públicas voltadas para a eliminação das desigualdades e privilégios de gêneros, bem como das violências.

O conceito de masculinidade é nebuloso, pois pode parecer não realçar o seu aspecto de dominação, mas tão somente o comportamento masculino e a distinção entre macho e fêmea. De fato, há grande preocupação com o estudo da masculinidade, a começar com o próprio conceito, diante da preocupação de se estabelecer uma mera dualidade com a expressão.

> Para Petersen, Collier e MacInnes, o conceito de masculinidade é falho porque ele essencializa o caráter dos homens ou impõe uma unidade falsa a uma realidade fluida e contraditória. Algumas versões desse argumento criticam as pesquisas sobre masculinidades porque essas não adotaram um *kit* de ferramentas pós-estruturalistas específico – que seria, por exemplo, a ênfase na construção discursiva das identidades. O conceito de masculinidade é criticado por ter sido enquadrado no seio de uma concepção heteronormativa de gênero que essencializa a diferença macho – fêmea e ignora a diferença e a exclusão dentro das categorias de gênero. Ao conceito de masculinidade é atribuído o fato de esse permanecer logicamente numa dicotomização do sexo (biológico) *versus* gênero (cultural), dessa forma marginalizando ou naturalizando o corpo.[76]

É importante ressaltar que a masculinidade não se apresenta de forma corpórea, ou seja, não é corporificada, nem se confunde com a personalidade de cada indivíduo. As masculinidades se apresentam em forma de atos e de comportamentos sociais, diferenciando-se a cada relação estabelecida dentro de uma relação particular. Apesar de o estudo das

[76] CONNELL, Robert W. e outro. **Masculinidade hegemônica: repensando o conceito**. Rev. Estud. Fem. vol.21 no.1 Florianópolis Jan./abr. 2013. Disponível em https://doi.org/10.1590/S0104-026X2013000100014. Acesso em 19 mar. 2021.

masculinidades passar, em determinados momentos, pela análise do corpo (fisiológica), este tópico não se exaure apenas nisso, pois transcende a outros temas de pesquisa, como a psicologia, a psicanálise, a sociologia, a jurídica e outras, por exemplo, como ocorre com o exame da virilidade. Igualmente, o estudo da masculinidade não é realizado sob a ótica inversa exclusiva da feminilidade, no sentido de que macho é aquele que não tem comportamentos e trejeitos de fêmea, afinal "ser um homem feminino, não fere o meu lado masculino"[77]. Nesse sentido, há diversas masculinidades apresentadas e identificadas em cada contexto social e dignas de uma análise crítica-construtiva para aperfeiçoamento, mas apenas aquelas que excluem e oprimem gêneros devem passar por uma importante e significativa transformação social de fundo apta a erradicar a própria masculinidade tóxica, a desigualdade e a violência.

A masculinidade é produzida em todos os ciclos da vida, começando na infância, seja no berço, na escola, na família ou dentro de um grupo de amigos. Ao longo da vida, em cada contexto social, para se firmar em certo local, padrões comportamentais são apresentados e exigidos para estabelecer vários discursos ou atitudes hegemônicas, chegando à toxicidade ofensiva[78]. Por isso, a masculinidade hegemônica nem sempre corresponde à masculinidade tóxica, uma vez que determinadas dominações de um gênero é vista como algo natural, em razão das distinções naturais havidas entre os gêneros. Ocorre que, massivamente, a hegemonia masculina não tem justificativa bastante para se estabelecer comportamentos excludentes, de modo que necessita ser repensada e modificada para promover uma verdadeira transformação social inclusiva.

Essa sobreposição difusa dos homens institucionaliza a desigualdade de gênero, tornando, inclusive, muitas mulheres cúmplices desse estado de subordinação. Dessa maneira, constroem culturas que combinam as ações de cada gênero a ponto de se naturalizar e estruturar os padrões de masculinidades[79]. Por consequência, esse contexto favorece para a masculinidade hegemônica, apto a enrijecer o padrão masculino dominador

[77] Trecho da música "Masculino e Feminino", de Pepeu Gomes, 1983.

[78] CONNELL, Robert W. e outro. **Masculinidade hegemônica: repensando o conceito**. Rev. Estud. Fem. Vol.21. No. 1. Florianópolis. Jan./abr. 2013. Disponível em https://doi.org/10.1590/S0104-026X2013000100014. Acesso em 19 mar. 2021.

[79] Idem.

e sexista, realizador de atitudes tóxicas, inclusive por meio de violências físicas, bem como excluir comportamentos positivos dos homens para com as mulheres.

Essa institucionalização da masculinidade hegemônica limita a liberdade da pessoa de transformar o seu comportamento com um mero movimento retórico, isto é, não basta mudar o discurso, deve-se realizar uma significativa alteração comportamental para estabelecer uma masculinidade positiva. Com isso, os fatores tóxicos da masculinidade existentes no âmago de cada pessoa tornam mais difíceis a aceitação da perda de poder ou de equiparação dos direitos, gerando frustrações e desentendimentos, os quais podem servir como um impulso à violência.

Essa naturalização é promovida pelo processo histórico-cultural de dominação dos homens e subordinação das mulheres. Apesar das contestações, com altos custos, a manutenção desse estado de exclusão de mulheres se mantém pela considerável contra força exercida pelos homens por meio do descrédito feminino realizado. Essa hegemonia dos homens ocorre dentro do seio social em que vive (hegemonia interna), onde um homem deseja se sobrepor às mulheres de seu contato pessoal. Além disso, por meio da institucionalização cultural (hegemonia externa), onde, de modo geral, os homens almejam a superposição frente às mulheres no plano cultural, social, político, laboral e jurídico. Tanto no aspecto interno, quanto externo, a hegemonia masculina é estabelecida mediante a criação e estabilização da hierarquia de um dos gêneros[80].

A luta contra a masculinidade é realizada sob a análise da própria construção social dessa cultura de dominação. Assim, a hierarquia entre os gêneros também vem sendo contestada pela resistência de contraposição da feminilidade diante dos padrões sociais modernos que se estabeleceu nessa relação dual. O foco de análise incidente no comportamento das mulheres faz com que se identifiquem os fatores tóxicos da masculinidade reificado pelo patriarcalismo[81], como, por exemplo, no comportamento de mães, esposas, trabalhadoras e donas dos lares, a fim de se verificar quais atitudes enaltecem a cultura opressora, para fundamentar as intervenções nos modelos dominadores. Através dessa perspectiva e frente às resistências contra esse panorama, criam-se os paradigmas de enfrentamento

[80] Idem.

[81] Idem.

da naturalização da dominação masculina para a crescente aparição da feminilidade[82], especialmente entre os jovens na contemporaneidade. Nesse sentido, olhando-se para as posturas femininas de complacência ou de resistência, estabelecem-se os objetos de ilegítima distinção, como se vê, por exemplo, no campo do trabalho, para, a partir daí, poder oferecer o tratamento adequado contra as posturas tóxicas. Nos pontos em que as mulheres admitem determinadas posturas masculinas sem resistências, é porque não apresentam distinções significativas ou, em razão da cultura, não percebem a necessidade de alteração.[83] Contra aquilo que as mulheres já resistem ou pressionam para uma mudança, denota-se a necessidade de observação e verificação para o efetivo movimento de mudança, ainda que mínimo, a depender de cada situação que se apresente.

Nesse cenário, o enfrentamento das masculinidades hegemônicas torna-se mais complexo diante do desafio de se encontrar os locais apropriados para a superação dos desequilíbrios de gênero. Pode-se visualizar diversas arenas, como no interior das próprias famílias, dentro da comunidade onde vive, na região onde mora, no país em que habita e no mundo. Essas searas apresentam gigantescos problemas para uma viragem cultural, porquanto difusa e dinâmica. Contudo, certamente as transformações e a ressignificação não ocorrerão se não houver um choque cultural, uma luta (agressividade positiva) contra as resistências ilegítimas e participação social com ações positivas de enfrentamento.[84] Nesses contextos, a intervenção realizada em comunidade local e regional mostra-se profícuos para a desconstrução da hierarquia masculina, pois as mudanças dentro dos lares ou de forma global mostram-se extremamente difíceis, porquanto, dentro de casa, os homens resistem às imposições individuais e, na política feminista global, é inacessível a diversos povos mundiais. Portanto, por meio de medidas realizadas dentro do país e dentro de cada comunidade, a feminilidade é enfatizada a ponto de se

[82] HOOKS, Bell. **O feminismo é para todo mundo***:* políticas arrebatadoras. Tradução de Ana Luíza Libânio. Editora Rosa dos Ventos, 2018.

[83] MACHADO, Lia Zanotta. **Masculinidades e Violências. Gênero e mal-estar na sociedade contemporânea**. Série Antropologia. Pág. 290. Brasília. 2001.

[84] VILHENA, Junia de, e outra. **Agressividade e violência: reflexões acerca do comportamento anti-social e sua inscrição na cultura contemporânea.** Rev. Mal-Estar Subj. v.2. n.2. Fortaleza. set. 2002.

equilibrar as posições de gêneros nos diversos segmentos sociais, havendo melhor produtividade contra a hegemonia interna.

Definir masculinidade para se estabelecer as medidas as serem enfrentadas não se resume à teoria dos papeis sexuais, como era abordado na década de 1930, nem à reconstrução da masculinidade normatizada (modelo único de masculinidade, baseada no homem heterossexual), pois, a partir dos movimentos feministas, passaram a reconhecer a existência de diversas categorias de gêneros masculino e feminino, de modo a não serem homogêneas[85]. Assim, por exemplo, dentro do gênero masculino é possível verificar a existência de diversas formas do desenvolvimento das masculinidades, pois não é só manifestada pelo homem hétero, branco e cis.

> O pensamento de Connell sobre masculinidade nasce em contraposição à teoria dos papéis sexuais, emergente nas ciências sociais durante a década de 1930, que identifica dois desempenhos, um feminino e um masculino, internalizados no processo de socialização. Concordando com o feminismo da década de 1970, critica aquela teoria por reduzir os gêneros feminino e masculino a duas categorias homogêneas, bem definidas, harmônicas e complementares, assim como não vê sempre como positiva a internalização dos "papéis sexuais feminino e masculino" socialmente tidos como padrão (CONNELL, 1995:22-3, 25, 27).[86]

Por isso, não se trata da existência de uma única forma de comportamento masculino, mas sim diversas masculinidades, inclusive hegemônicas, a depender das questões espaciais e temporais. O importante é saber identificar quais delas oprimem mulheres, para diferenciar as masculinidades que reconhecem e fomentam as igualdades de gênero, para se promover a devida incursão educacional e ressignificante naquelas que dominam e excluem ilegitimamente a mulher. É óbvio que diferenças

[85] CONNELL, Robert W. e outro. **Masculinidade hegemônica: repensando o conceito.** Rev. Estud. Fem. vol.21. no.1. Florianópolis. Jan./abr. 2013. Disponível em https://doi.org/10.1590/S0104-026X2013000100014 . Acesso em 19 mar 2021.

[86] CARVALHO FILHO, Silvio de Almeida. A Masculinidade em Connell: os mecanismos de pensamento articuladores de sua abordagem teórica. Disponível em: http://encontro2008.rj.anpuh.org/resources/content/anais/1212953291_ARQUIVO_ComunicacaoSilviodeAlemeidaCarvalhoFilho.pdf. Acesso em 20 mar. 2021.

entre homens e mulheres sempre existirão e não é isso que se aborda, mas sim identificar quais espaços estão sendo suprimidos das mulheres, sob o falso e injustificável pretexto do lugar de homens.

Um dos fatores importantes para a construção da masculinidade é a virilidade. Ou seja, a formação da masculinidade é realizada pelo conjunto de diversas informações obtidas ao longo dos anos de vida e muito significante para a composição da virilidade. Desde o nascimento, homens e mulheres recebem uma carga de conhecimentos que definem as identidades de cada gênero. Apesar da existência de diversas formas de masculinidade, de modo geral, aos homens, determinam que sejam poderosos, viris, dominadores, autossuficientes, cujo comportamento se próxima da agressividade, ao passo que, às mulheres, educam à subserviência, ao casamento, à gestação e à maternidade, a serem donas de casa[87]. Com isso, a sociedade apresenta a oposição, a dualidade, as posições, os locais de cada um, a dicotomia entre agressor e vítima, transformando os homens em vítimas do patriarcado e, ao mesmo tempo, os realizadores da violência.

Nesse particular, a virilidade dos homens é o aspecto mais ensinado, cobrado e imposto durante todo o período de desenvolvimento do ser por toda a sociedade. Acredita-se que esse atributo é o que molda a masculinidade exigida e normatizada, na esperança de se lançar um adulto forte, independente e provedor. A virilidade é atributo ligado ao poder, ao vigor, a força. No homem, a virilidade o faz não ter que demonstrar medo para os desafios da vida. Exige que seja forte, provedor, vitorioso, bem sucedido, sexualmente desejado, um símbolo de prazer, além de determinar que tenha controle sobre suas emoções para não transparecer as suas fraquezas. Dentro da cultura patriarcal, o homem viril deve ser provedor do lar e da família, bem como se fazer respeitado. A virilidade masculina se resume em cinco pontos básicos para a compreensão e exigência do homem:

1. Ser competitivo – o homem não pode ter medo. Tem que estar preparado para competir e vencer.

[87] DE BEAUVIOR, Simone. **O segundo sexo. Fatos e mitos.** Vol. 1. 4ª edição. Tradução de Sérgio Milliet. Capa de Fernando Lemos. Editora Difusão Europeia do Livro. São Paulo. 1970, pág. 101.

2. Ser sexualmente potente – precisa saber conquistar e manter mulheres ao seu lado. Um homem traído ou abandonado por sua mulher vê sua virilidade questionada.
3. Ter autocontrole – não pode mostrar fraqueza ou emotividade.
4. Ser um bom provedor – deve ser capaz de providenciar o sustento de sua família, sendo essa uma de suas principais funções.
5. Fazer-se respeitar pela mulher – não pode ser contestado por uma mulher diante de outros homens porque isso o desmoraliza[88].[89]

Atualmente, em nossa sociedade, ainda é extremamente comum ouvir: "Não chore! Seja homem! Não seja mulher!". Essas frases – muito ditas – são frutos da exaltação da masculinidade tóxica para a construção do ser, em decorrência da virilidade ensinada por gerações. Nelas, enaltece a virilidade masculina para se encorajar os homens contra os desafios, as frustrações ou as tristezas para se ter controle das emoções e não deixar transparecer, especialmente, o choro, para não demonstrar fraquezas e, com isso, apresentar o ser forte como moldado pela sociedade machista. Nesse contexto, não se pode temer a nada. É inadmissível o homem chorar. Não se pode curvar, deve-se manter a postura ereta e combativa, porquanto não se aceita um homem medroso ou delicado. Para a sociedade, o homem medroso é um ser fraco, incapaz de desenvolver atos de proteção e cuidado. Portanto, educa-se a não transparecer seus sentimentos e sofrimentos. O homem delicado é o ser feminino, pertencente à categoria da masculinidade subordinada[90].

Assim, construiu-se a ideia oposta do ser que não se apresenta viril, sendo aquele meigo, doce, delicado, nos moldes daquilo que o machismo espera da mulher. O homem que apresenta essas qualidades mostra-se frágil como a mulher dentro da cultura machista. Dessa forma, ao que parece, a virilidade está próxima à definição do homem rude, daquilo

[88] BRASIL. Ministério da Saúde. Secretaria de Políticas de Saúde. **Violência intrafamiliar: orientações para prática em serviço / Secretaria de Políticas de Saúde.** – Brasília: Ministério da Saúde, 2001. Pág. 64.

[89] XAVIER, Noemi Pinheiro. **Violência e Feminicídio: o papel da educação em defesa da mulher**. Joinville, SC, Clube de Autores, 2019.

[90] CONNELL, Robert W. e outro. **Masculinidade hegemônica: repensando o conceito**. Rev. Estud. Fem. vol.21. no. 1 . Florianópolis. Jan./abr. 2013. Disponível em https://doi.org/10.1590/S0104-026X2013000100014. Acesso em 19 mar. 2021.

que no nordeste brasileiro se denomina de "cabra-macho". Com isso, o machista diferencia os homens das mulheres, de grosso modo, por meio da virilidade. É dessa maneira que as pessoas são forjadas ao longo da vida. A preferência e os privilégios masculinos são sensivelmente conferidos e esperados pelas civilizações por todo o mundo. Na criação, por muitos anos, pais e avós preferiram filhos e netos, em detrimento de filhas e netas, premiando-os, inclusive, com mais direitos. Nas diversas passagens da vida, as mulheres não têm espaços semelhantes aos dos homens. Para alcançar, têm que promover disputas e passar por provações e provocações masculinas.

> A dominação masculina encontra, assim, reunidas todas as condições de seu pleno exercício. A primazia universalmente concedida aos homens se afirma na objetividade de estruturas e de atividades produtivas e reprodutivas, baseada em uma divisão sexual do trabalho de produção e de reprodução biológica e social, que confere aos homens a melhor parte, bem como nos esquemas imanentes a todos os *habitus* moldados por tais condições, portanto objetivamente concordes, eles ocorrem como matrizes das percepções, dos pensamentos e das ações de todos os membros da sociedade, como transcendentais históricos que, sendo universalmente partilhados, impõem-se a cada agente como transcendentes. Por, tomada a representação androcêntrica da reprodução biológica e da reprodução social se vê investida da objetividade do senso comum, visto como senso prático, dóxico, sobre o sentido das práticas. E as mulheres se aplicam a toda a realidade, particularmente, às relações de poder em que se vêem envolvidas esquemas de pensamento que são produto da incorporação dessas relações de poder e que se expressa nas oposições fundantes da ordem simbólica. Por conseguinte, seus atos de conhecimento são, exatamente por isso, atos de reconhecimento prático, de adesão dóxica, recomendação que não tem que se pensar e se afirmar como tal e que "faz", de certo modo, a violência simbólica que ela sofre.[91]

A sociedade machista também apresenta o conceito de homem como o ser sexualmente desejado. Para isso, tem-se a exaltação do pênis, com o sentimento de superioridade do homem por seu órgão genital e por todo

[91] BOURDIEU, Pierre. **A dominação masculina**. 2ª edição. Tradução Maria Helena Kühner. Ed. Bertrand Brasil. 2002, pág. 44.

o conjunto que ele representa. O orgulho não é somente pelo pênis em si, mas também pela atitude de tê-lo e do que se é possível fazer com ele. Afirma-se que a masculinidade e o vigor estejam ligados ao órgão genital[92]. Uma ideia de um verdadeiro homem vinculada ao falo[93]. Homens medem a virilidade pelo tamanho e comprimento do pênis, além do pensamento acerca do prazer que ele é capaz de promover para as mulheres. Quanto maior esse sentimento, mais elevado é o ego e mais viril se sente. Quando os homens falam do comprimento do seu órgão, tendem a descrevê-lo de uma maneira a não se sentirem menosprezados, notadamente quando o tamanho não é o admitido pelos próprios homens como satisfatório. A anatomia do pênis exalta uma ideia de poder no homem acreditando ser uma ambição para mulheres. Acreditam que o pênis é sinal de dominação. Quando pensam que, numa relação sexual, irão demonstrar como é ser um homem de verdade, apresentam comportamentos agressivos e tóxicos. Em certos períodos da vida, especialmente na adolescência, meninos enaltecem seus órgãos entre si, como se estivesse em um campeonato de beleza e força, além de afirmarem quão bons são durante o ato sexual, visando à autoafirmação. Essa concepção é passada de geração para geração. Pais ensinam filhos a serem assim e a se portarem como homens, dando ao falo um significado exorbitante e além do que ele realmente é. Machado, citando Lacan, afirma que

> O falo é o valor simbólico e imaginário adquirido pelo órgão sexual masculino nas fantasias. Nesse sentido ele não é o pênis orgânico. Ele é um significante fundamental cujo valor está ligado às representações de potência e força. O Falo ocupa um lugar privilegiado na teoria lacaniana porque todos os sujeitos (masculinos ou femininos) organizam seu desejo a partir da posse do Falo.[94]

Nesse contexto, o falo representa a potência masculina e, a sua falta, um ser desprovido de qualidades e virilidade. Por consequência, objetificam

[92] Idem.

[93] BLAY, Eva Alterman. **Feminismos e masculinidades: novos caminhos para enfrentar a violência contra a mulher.** 1ª Edição. São Paulo: Cultura Acadêmica, 2014.

[94] MACHADO, Lia Zanotta. **Masculinidades e Violências. Gênero e mal-estar na sociedade contemporânea**. Série Antropologia. 290. Brasília. 2001.

as mulheres, classificando-as como troféus, além de descrever condutas e pessoas assemelhadas às dos demais animais, como por exemplo, entre cavalo e égua[95] e, em razão disso, expressam uma violência simbólica referente à imagem da mulher desvalorizada e equiparada aos objetos. Esse sentimento faz com que as próprias mulheres se achem obrigadas a estar em uma posição de dominadas na relação e ter que ceder aos dominantes as suas ambições, aos seus prazeres e aos seus desejos. Nesse contexto, desenvolve-se no homem o sentimento de posse da "coisa" capaz de levar grave sofrimento à mulher dominada, pela grave violação que disso emerge.

Noutra ótica, homens orgulham-se em urinar em pé. Desprezam aqueles que fazem sentados, como se mulheres fossem. Para urinar, o homem se gaba da comodidade de fazê-lo em pé. Louvam o jato mais certeiro do que o da mulher. Idolatram o som emitido quando o jato bate na água do vaso sanitário, pois quanto mais grave, maior o calibre e o sinal de potência e virilidade. Isso molda o orgulho e a ideia da supremacia masculina[96]. Nesse universo, há uma infinidade de situações que apresentam um elevado sentimento egocêntrico em torno do falo. Por outro lado, interessante notar que as mães não ensinam isso às meninas e, por isso, não têm essa veneração acerca da sua genitália ou de sua excreção. As mulheres não se gabam entre si de sua vagina, nem apresentam discursos corriqueiros de símbolo de prazer sexual, pois além da opressão sofrida, não crescem com uma educação voltada para a apresentação de uma satisfação da libido e, até por isso, o clitóris acaba sendo um órgão desconhecido e pouco explorado, em razão da feminilidade oprimida e objetificada.[97]

De certo, se não existisse essa adulação masculina sobre seu pênis, seu órgão não passaria de uma parte do corpo como outra, a servir naturalmente para as funções reprodutoras e excretoras. Contudo, para além dessas funções, o homem liga o seu órgão à onipotência do prazer e da

[95] DE BEAUVIOR, Simone. **O segundo sexo. A experiência vivida**. Vol. 2. 2ª edição. Tradução de Sérgio Milliet. Capa de Fernando Lemos. Editora Difusão Europeia do Livro. São Paulo. 1967.

[96] DE BEAUVIOR, Simone. **O segundo sexo. Fatos e mitos.** Vol. 1. 4ª edição. Tradução de Sérgio Milliet. Capa de Fernando Lemos. Editora Difusão Europeia do Livro. São Paulo. 1970.

[97] BLAY, Eva Alterman. **Feminismos e masculinidades: novos caminhos para enfrentar a violência contra a mulher.** 1ª Edição. São Paulo: Cultura Acadêmica, 2014.

superioridade. Sentem-se poderosos com esse sentimento. Com isso, o pênis não significa ser um órgão meramente excretor. Muitos exaltam o seu órgão como um verdadeiro símbolo de poder e supremacia, frente às mulheres, não o vendo como uma peça meramente decorativa. Essa exaltação da virilidade masculina, quando levada para as discussões de gênero, é ainda mais complexa, gerando maiores frustrações naqueles despidos desse atributo.

> O pênis constitui certamente um privilégio, mas cujo preço naturalmente diminui quando a criança se desinteressa de suas funções excretórias e se socializa; se ainda o conserva a seus olhos, depois da idade de 8 a 9 anos, é porque se tornou o símbolo de uma virilidade que é socialmente valorizada. Em verdade, a influência da educação e do ambiente é aqui imensa. Todas as crianças tentam compensar a separação da desmama através de condutas de sedução e de parada; ao menino obrigam a ultrapassar essa fase, libertam-no de seu narcisismo fixando-o no pênis; ao passo que a menina é confirmada na tendência de se fazer objeto, que é comum a todas as crianças.[98].

Essa construção social apresenta o homem como o ser provedor de toda felicidade, símbolo de magnitude, reservando-se à mulher a realização do prazer ao homem, a doçura da gestação e o enigma da vagina. Por isso, aponta a mulher para o casamento, como o local da felicidade e da realização, sob pena de tornar-se falida na vida. Na realização do prazer, diante a virilidade masculina materializada na presença do falo, em tempos atuais, ainda se vê homens afirmando que mulheres não podem curtir uma vida social, da mesma forma que eles. Estar na rua de madrugada ou numa balada, principalmente embriagada, é sinal de consentimento para a relação sexual, sem que isso configure estupro. Pais não enxergam problemas com os filhos na rua e a qualquer hora, independente do perigo, enquanto muitos proíbem as filhas, em razão do risco de ser mulher na sociedade. A virilidade, nesse caso, é o argumento de se aceitar uma rotina mais despojada[99]. Presume-se que o menino irá se virar diante

[98] DE BEAUVIOR, Simone. **O segundo sexo. Fatos e mitos.** Vol. 1. 4ª edição. Tradução de Sérgio Milliet. Capa de Fernando Lemos. Editora Difusão Europeia do Livro. São Paulo. 1970.

[99] Idem.

do perigo, enquanto a menina estaria sempre risco das violências sexuais, independentemente do local em que esteja, ou do perigo de receber uma má fama. A título de exemplo, se uma mulher estiver em um jantar de confraternização com colegas de trabalho, solteira ou sem o marido, é sinal de que está se colocando à disposição de outro homem para servir a lascívia alheia. Essa ideia está implementada na sociedade como um todo. Muitas mulheres também pensam dessa maneira, pois, como dito, o machismo está nos homens e nas mulheres. Por isso, desde criança, a menina deve ser preservada desses mesmos perigos, mantida em seu berço e educada a servir.

Por óbvio, essa identificação objetificada da mulher deve ser desconstruída, pois forte fator de violência. Em uma relação desgastada, a recusa da promoção da satisfação sexual masculina representa um grande perigo para a eclosão da violência sexual. Seja pela suspeita de adultério, seja pela frustração do sentimento de desejado sexualmente, o homem desenvolve pensamentos e comportamentos agressivos para a realização da cópula, visando a sua satisfação libidinosa, bem como para a "demarcação do seu território", supondo que, ao manter a relação sexual com sua companheira, esta não terá motivos de procurar a satisfações de seus desejos fora desse relacionamento. Essa forma de pensar é a educação sobre a posse obtida durante toda a vida, que coisifica a mulher por meio da tóxica forma de ser masculino.[100]

Além de seu sentimento de sexualmente desejado, com a virilidade, o homem se impõe numa relação de competitividade para com outros homens e para com as mulheres. Nesse sentido, a virilidade se materializa com o produto de determinado segmento: o sucesso. O ganho enaltece o ser[101]. Quanto mais bem sucedido for o homem, maior a respeitabilidade – *mais homem é*. Nesse contexto, a admiração por si mesmo e as frustrações geram sentimentos antagônicos, mas com certa compatibilização na criação do risco da violência. É de se observar que, dentro dos atos competitivos, em qualquer segmento, a agressividade é o ponto central para se chegar a um objetivo. É a vontade que desperta a ação. Assim, para se alcançar a meta, é de se observar, além da agressividade positiva (mola propulsora), a presença de uma agressividade negativa, espúria, causadora

[100] Idem.

[101] Idem.

de danos em outrem[102]. Na relação de gênero, isso fica muito mais clara e intensa. A título de exemplo, em uma entrevista de emprego, afirma-se que homens realizam melhor as tarefas, que são mais inteligentes, que são mais dispostos a realização, que não possuem tensão de ciclo menstrual, não necessitam de licença maternidade. Por isso, são melhores.

Por outro lado, a frustração, por não ter alcançado o objetivo proposto, também cria uma agressividade humana, diante da inaceitação do erro ou da perda, por representar fraqueza e insucesso. Um homem desempregado, que procura emprego incessantemente, pode ser fator de risco à violência, justamente por sentir-se atingido em sua virilidade. Quando não logra êxito na obtenção de emprego, depara-se com sua família desamparada de si, sendo este um sentimento desaprovado e inadmissível. Por consequência, este homem perde o respeito de si, o autocontrole, demonstra suas fraquezas e procura uma válvula de escape, encontrando-a no álcool, nas drogas e na violência, diante da pressão machista. Nesse contexto, para se exigir respeito, vale-se de métodos violentos e geralmente no interior do seu próprio lar. Todos esses aspectos apontados fazem com que os homens exijam "respeito" sobre todos os seus atributos.

A virilidade exigida faz do homem o poderoso protetor e mantenedor do lar.[103] Exige-se dele que "cace" o alimento na rua para o sustento da família. Quando, assim, não realiza, estigmatizam-no, afinal, deve trabalhar e prover a família. Determina que proteja a prole e a esposa. E é por isso que a sociedade ainda tem muito preconceito em relação às famílias em que mulheres sejam as provedoras do lar e os homens os cuidadores da casa. Esse pensamento conflita com os moldes socialmente exigidos. O homem bem sucedido na profissão é estereótipo de um "homem de verdade". Nesse contexto, ao se afirmar que cozinha não é o local de homens, cria-se a submissão da mulher para as tarefas de casa e, com isso, a exigência do homem para que elas realizem os afazeres domésticos. Apesar de muitas mulheres terem alcançado a independência profissional

[102] MENDES, Deise Daniela e outros. **Estudo de revisão dos fatores biológicos, sociais e ambientais associados com o comportamento agressivo.** Departamento de Psiquiatria, Universidade Federal de São Paulo (UNIFESP), Rev. Bras. Psiquiatr. vol.31. supl.2. São Paulo. Oct. 2009. *Print version.* ISSN 1516-4446. *On-line version.* ISSN 1809-452X.

[103] DE BEAUVIOR, Simone. **O segundo sexo. Fatos e mitos.** Vol. 1. 4ª edição. Tradução de Sérgio Milliet. Capa de Fernando Lemos. Editora Difusão Europeia do Livro. São Paulo. 1970.

e financeira, ainda assim, em razão das culturas enraizadas, mantém-se a ideia de subserviência para as tarefas do lar. Essa ideia é transmitida por séculos, inclusive por textos históricos.

> A cultura histórica, literária, as canções, as lendas com que a embalam são uma exaltação do homem. São os homens que fizeram a Grécia, o Império Romano, a França e todas as nações, que descobriram a terra e inventaram os instrumentos que permitem explorá-la, que a governaram, que a povoaram de estátuas, de quadros e de livros. A literatura infantil, a mitologia, contos, narrativas, refletem os mitos criados pelo orgulho e os desejos dos homens: é através de olhos masculinos que a menina explora o mundo e nele decifra seu destino. A superioridade masculina é esmagadora: Perseu, Hércules, Davi, Aquiles, Lançarote, Duguesclin, Bayard, Napoleão, quantos homens para uma Joana d'Arc; e, por trás desta, perfila-se a grande figura masculina de São Miguel Arcanjo! Nada mais tedioso do que os livros que traçam vidas de mulheres ilustres: são pálidas figuras ao lado das dos grandes homens; e em sua maioria banham-se na sombra de algum herói masculino. Eva não foi criada para si mesma e sim como companheira de Adão, e de uma costela dele; na Bíblia há poucas mulheres cujas ações sejam notáveis: Rute não fêz outra coisa senão encontrar um marido. Ester obteve a graça dos judeus ajoelhando-se diante de Assuero, e ainda assim não passava de um instrumento dócil nas mãos de Mardoqueu; Judite teve mais ousadia, mas ela também obedecia aos sacerdotes e sua proeza tem um vago sabor equívoco: não se poderia compará-la ao triunfo puro e brilhante do jovem Davi. As deusas da mitologia são frívolas ou caprichosas e todas tremem diante de Júpiter; enquanto Prometeu rouba soberbamente o fogo do céu, Pandora abre a caixa das desgraças.[104]

A virilidade, então, apresenta como um fator de violência doméstica quando posto de cheque. Ao menosprezar uma das situações colocadas, contrariando o poder do homem, pode fazer eclodir um ambiente de risco para a resolução do conflito com o uso da força. O homem que, ao chegar a casa, não é atendido pela mulher, cria um ambiente extremamente perigoso para ela mesma, considerada submissa nessa relação. Frequentemente, casos de violência doméstica ocorrem pelo fato de a mulher não ter feito o jantar ou de não cumprir a ordem determinada pelo

[104] Idem.

marido ou de não satisfazer sexualmente o seu "garanhão", ou quando confronta o insucesso do homem.

Todo esse cenário negativo culmina na produção de homens possessivos em sua relação com a mulher. Nota-se que a virilidade, conjugada com as ideias machistas, que objetificam as mulheres, cria o sentimento de possessão. A possessividade é um sentimento negativo constante em uma pessoa que se acha dona de outra ou de alguma coisa[105]. Em uma relação amorosa, a possessividade surge pela paixão, mas com viés extremamente negativo, de sentir-se dono de outra pessoa, a ponto de controlar as ações, visando manter o relacionamento, que, por vezes, já se encontra desgastado. A complexidade das relações humanas faz com que, através da possessão, um indivíduo coloque o outro subjugado ao seu comando, controlando as ações e perturbando-lhe a paz. Assim, a possessão surge como efeito da virilidade fracassada, na esperança de manter sob o seu "poder" aquela pessoa que não vê seus atributos. Por óbvio, essa possessão intoxica o relacionamento. Em um casamento ou em uma união estável, a possessão do homem é manifestada por atos privativos da liberdade e da autonomia da mulher, como, por exemplo, o controle de horários, gastos, lugares e amizades[106]. Desenvolve ciúmes excessivos e atos violentos de toda ordem.

Na violência doméstica, em breves palavras, a possessão se manifesta quando o indivíduo idealiza aquela máxima "Minha até morrer!". O resultado dessa atitude é tornar o relacionamento extremamente tóxico, pois a ira do homem traz enormes desavenças para a relação, chegando aos atos violentos. Por vezes, a possessividade pode se manifestar por atos despercebidos pelos controladores e pelos controlados[107]. Observa-se que a possessão se manifesta claramente, quando um manipula e domina as atitudes do outro. Quando o homem proíbe a sua esposa de jantar com suas amigas ou de encontrar seus familiares, a pretexto de não serem boas companhias, culmina por controlar as vontades da mulher. Em certos casos, proíbem as esposas ou companheiras de saírem de casa para não ter

[105] TORRES, Albina Rodrigues e outras. **O ciúme enquanto sintoma do transtorno obsessivo-compulsivo.** Rev. Bras. Psiquiatr. vol.21. n.3. São Paulo. 1999.

[106] ALMEIDA, Thiago de. **O ciúme e suas consequências para os relacionamentos amorosos.** Curitiba: Ed. Certa, 2007.

[107] Idem.

que pensar que, se estivesse na rua, poderia estar mantendo uma relação extraconjugal.

Essa manipulação causa danos psicológicos, pois diminui a autoestima, com o falso argumento de se estar protegendo a pessoa ou o relacionamento. Não se trata de um simples ciúme, que naturalmente existe em todas as relações, mas sim de um sentimento dominador duradouro de um para com o outro, com o sentido de manipulação das condutas, fruto do discurso de uma virilidade protetora e da objetificação machista. De fato, ninguém aceita esse controle, por mais que possa pensar que estaria sendo protegida de certas situações, uma vez que essa manipulação retira a capacidade decisória e emancipatória do ser[108]. A falta da autonomia mantém a mulher refém desses atos.

A possessividade consiste na ideia de posse sobre a coisa e existe ainda que não haja a relação financeira envolvida. Quando a mulher consegue se desvencilhar da relação violenta, muitas vezes ainda precisa fugir de perseguições, momento em que a possessividade se apresenta com feições mais intensas e devastadoras[109]. No fim do relacionamento, por não aceitar a perda, o homem possessivo persegue (*stalker*), perturba, vigia, com o fim de não deixar espaço, preocupado com eventual aparição de outro homem ou com a perda do lugar que um dia ocupou. Os *stalkers* promovem contatos indesejados e vigilâncias constantes, seja de forma presencial ou de forma virtual. Seus atos amedrontam e importunam as vítimas perseguidas. Esse sentimento de posse também vem das condutas machistas e patriarcais de longa data, especialmente por ter a ideia de objetificação da mulher e sua propriedade. O pagamento de dotes materializava esse sentimento[110]. Muitas mulheres são controladas por seus companheiros, e dele não conseguem se desvencilhar, por conta do sentimento de posse, que se aproxima a ideia de coisa (coisificação da mulher).

[108] FREITAS, Lucia Barros. ***Discriminación sexista y otras formas de violência estructural e institucional contra La mujer.*** *Universidad Carlos III de Madrid. Instituto de Derechos Humanos Bartolomé de las Casas Doctorado em Derecho. Programa Derechos Fundamentales. Tesis doctoral.* Madrid, 2004.

[109] ALMEIDA, Thiago de. **O ciúme e suas consequências para os relacionamentos amorosos.** Curitiba: Ed. Certa, 2007.

[110] ABRANTES. Elizabeth Sousa. **O dote e a moça educada: mulher, dote e instrução em São Luis na Primeira República.** Tese de doutorado. UFF. Niterói. 2010.

A pessoa possessiva manifesta comportamento de grande preocupação social, em vista das graves ameaças e da potencial violência física contra a mulher e de sua evolução[111]. A mania de perseguir, visando descobrir eventual traição ou impedir novos relacionamentos, obsta que o outro busque a paz e a felicidade e promove danos à saúde física e emocional. Controlar as redes sociais do parceiro, ver mensagens no celular ou comparecer ao local do trabalho do outro, para apenas investigar eventual existência de traição ou novo relacionamento amoroso, demonstra o comportamento agressivo e destrutivo. Atinge toda a família e necessita de intervenção psicológica ou psiquiátrica.

Com a possessividade, além da perda da liberdade, tem-se a invasão de privacidade, praticados por meio de atos paranoicos, com o fim de obter todas as informações de forma indiscriminada. Atualmente, esses atos podem ser vistos quando um acessa o celular do outro por meio de programa espião ou obtém as senhas para o acesso das redes sociais. Nesse ponto, qualquer mensagem passa a ser interpretada no sentido negativo, servindo de falso fundamento para proibir determinados contatos e, com isso, o controle das atitudes. Nesse estágio de possessão, os atos violentos manifestam-se claramente. Discussões, ameaças, agressões físicas e verbais passam a existir constantemente[112].

Contudo, é importante destacar que a possessividade não é ato exclusivo do homem. Em qualquer relacionamento, todos esses atos podem existir de um ou de outro lado. Entretanto, a vulnerabilidade da mulher é maior. Apesar das perseguições femininas existirem, corriqueiramente não apresentam as mesmas características das perseguições dos homens, pois o encalço masculino costuma ser mais grave, contundente e violento, a ponto de se chegar ao cometimento de feminicídio.

Por isso, a intervenção estatal específica para coibir essa prática e combater os *stalkings* deve ser realizada a contento. A mera aplicação de uma pena de uma contravenção penal descrita no artigo 65 do Decreto-lei 3.688/41[113], cuja prisão simples é de quinze dias e três meses (incidente

[111] TORRES,Albina Rodrigues e outras. **O ciúme enquanto sintoma do transtorno obsessivo-compulsivo.** Rev. Bras. Psiquiatr. vol.21. n.3. São Paulo. 1999.

[112] Idem.

[113] Art. 65. Molestar alguém ou perturbar-lhe a tranquilidade, por acinte ou por motivo reprovável:
Pena – prisão simples, de quinze dias a dois meses, ou multa.

pelo princípio da ultra-atividade da lei penal), ou do novo crime de perseguição previsto no artigo 147-A, do Código Penal[114], com pena de reclusão de 06 meses a dois anos e multa, não tem a mínima possibilidade de coibir o *stalker*, por si só.

Conjugado a todos esses fatores de toxicidade da virilidade masculina, a presença do álcool e da droga agrava ainda mais a situação[115]. A masculinidade hegemônica tóxica ganha um incremento com a presença de substâncias desinibidoras. Sem dúvida, essas substâncias são fatores de altíssimos riscos, por serem propulsores da violência doméstica e familiar. Consideradas substâncias psicotrópicas depressoras do sistema nervoso central, sendo, muitas delas, devidamente regulamentadas pelos órgãos estatais competentes e fomentadas pela sociedade, acabam por ser de fácil acesso e causadoras de grande dependência física e psíquica[116].

A droga, segundo a Organização Mundial da Saúde, é entendida como "toda substância que, pela sua natureza química, tem a propriedade de afetar a estrutura e produz alterações no funcionamento do organismo",[117] e o álcool, "substância psicoativa com propriedades que causam dependência"[118]. Tanto o álcool, quanto as drogas, lícitas ou não,

[114] Perseguição – Art. 147-A. Perseguir alguém, reiteradamente e por qualquer meio, ameaçando-lhe a integridade física ou psicológica, restringindo-lhe a capacidade de locomoção ou, de qualquer forma, invadindo ou perturbando sua esfera de liberdade ou privacidade.
Pena – reclusão, de 6 (seis) meses a 2 (dois) anos, e multa.
§ 1º A pena é aumentada de metade se o crime é cometido:
I – contra criança, adolescente ou idoso;
II – contra mulher por razões da condição de sexo feminino, nos termos do § 2º-A do art. 121 deste Código;
III – mediante concurso de 2 (duas) ou mais pessoas ou com o emprego de arma.
§ 2º As penas deste artigo são aplicáveis sem prejuízo das correspondentes à violência.
§ 3º Somente se procede mediante representação.

[115] VIEIRA, Letícia Becker, e outras. **Abuso de álcool e drogas e violência contra as mulheres: denúncias de vividos.** Revista Brasileira de Enfermagem. 2014. Pág. 366-372.

[116] Idem.

[117] Texto extraído do departamento estadual da Polícia Civil do Paraná. Disponível em http://www.denarc.pr.gov.br/modules/conteudo/conteudo.php?conteudo=40#:~:text=Atualmente%2C%20a%20terminologia%20droga%2C%20segundo,altera%C3%A7%C3%B5es%20no%20funcionamento%20do%20organismo. Acesso em 16 nov. 2020.

[118] Texto extraído da Organização Pan-Americana de Saúde. Disponível em: https://www.paho.org/bra/index.php?option=com_content&view=article&id=5649:folha-informativa--alcool&Itemid=1093#:~:text=O%20%C3%A1lcool%2C%20subst%C3%A2ncia%20

intoxicam o organismo humano, diminuindo ou retirando a coordenação psicomotora, causando depressão, estimulação ou perturbação à saúde mental. Ao se alcançar um determinado grau de embriaguez ou o torpor, perde-se o senso crítico, compromete o julgamento, deixando o indivíduo mais suscetível ao ambiente. Assim, se o local promover alegria, esse sentimento potencializa e recebe um influxo maior, em razão dos efeitos da substância. Se promover tristeza, maior será a sua profundidade. Assim, em um ambiente descontrolado, a embriaguez potencializa o descontrole no indivíduo. Essas substâncias incidem no sistema nervoso central do ser humano, alterando as funções cerebrais, retirando os freios inibitórios e senso crítico, deixando-o mais expansivo e promovendo variação de humor.

Fatores indissociáveis, o álcool e a droga estão intimamente relacionados ao transtorno de comportamental e à violência doméstica, classificando o uso como nocivo e antissocial. Não se podendo precisar a quantidade de envolvimento dessas substâncias tóxicas ao organismo como fatores de violência doméstica, sem dúvida, pode-se afirmar que estão em grande parte das ocorrências policiais. O álcool e as drogas, como fatores desinibidores da depravação humana, encontram nas pessoas um forte aliado para a produção de condutas lesivas, notadamente diante do uso imoderado e

> é fato que, em nosso contexto, as mulheres em situação de violência são agredidas, situações essas advindas, inclusive, dos problemas decorrentes do abuso de álcool. Em estudo com associações temporais entre o uso de álcool e a violência contra mulher, evidenciou-se que as taxas de agressões contra as mulheres foram 6,5 mais altas quando os homens bebiam exageradamente, em comparação com dias de consumo de álcool considerado socialmente aceitável. Em outro estudo desenvolvido em 27 municípios de São Paulo/ Brasil foi revelado que dos 2.372 domicílios que constituíram amostra da pesquisa, 52,7% das mulheres mencionaram situação de violência com autor alcoolizado, entre os quais 9,7% também estavam intoxicados por outra droga. A situação de violência envolvia predominantemente o casal, embora com frequência, se estendesse a outros moradores da casa.[119]

psicoativa%20com,e%20econ%C3%B4mico%20para%20as%20sociedades. Acesso em 16 nov. 2020.

[119] VIEIRA, Letícia Becker, e outras. **Abuso de álcool e drogas e violência contra as mulheres: denúncias de vividos**. Revista Brasileira de Enfermagem. Brasília. 2014. Pág. 366-372.

As bebidas alcoólicas, difundidas em larga escala no país, naturalizaram-se na sociedade e no seio familiar. No Brasil, a ingestão de álcool tem a sua tradição, pois fomentada como algo prazeroso dentro do convívio social. Entretanto, os efeitos do uso libertam as pessoas mais agressivas e as desinibem. Assim, em um ambiente violento, potencializa os riscos em todos os segmentos sociais[120]. Seja um usuário experimental, ocasional ou viciado, o uso nocivo do álcool e da droga produz graves riscos às pessoas próximas, devido ao afrouxamento dos freios inibitórios em qualquer classe social.

Contudo, é importante afirmar que o álcool e a droga não são as causas da violência doméstica e familiar, de modo que, se acaso não consumidos, acabarão as agressões. Não há um nexo entre as substâncias e a causa da violência, desse modo. O que as drogas e álcool produzem é a desinibição dos fatores da violência. Se o ambiente estiver "carregado", no sentido de já haver estímulos dos atos agressivos, os efeitos da ingestão dessas substâncias fazem com que resolvam alguma divergência de alguma forma agressiva. Nesse contexto, a depravação e a perversão do machismo afloram com mais facilidade como forma de imposição de homem em detrimento da mulher. Por isso, essas substâncias são fatores que desencadeiam a violência estrutural, passíveis de controle e prevenção. Segundo o modelo farmacológico,

> o álcool provoca desinibição e reduz a capacidade de julgamento, o que pode em algumas situações facilitar ou servir como justificativa para a ocorrência de determinados comportamentos mais agressivos. (...) No entanto, entre as múltiplas vertentes propostas para explicar a violência, o consumo excessivo do álcool é uma das mais controversas, pois não existe consenso sobre se essa associação é causal ou se o consumo do álcool é usado como desculpa pelo comportamento violento. Provavelmente trata-se de uma relação complexa, que envolve vários outros fatores biológicos, psicológicos e sociais.[121]

O vínculo entre bebidas alcoólicas e a violência doméstica tem sido observado em inúmeras pesquisas realizadas em vários países, e essas

[120] Idem.

[121] FONSECA, Arilton Martins, e outros. **Padrões de violência domiciliar associada ao uso de álcool no Brasil**. Ver. Saúde Pública. São Paulo. 2009. Pág. 743-749.

pesquisas "apontam que em 50% a 70% dos casos de violência entre casais houve consumo de álcool pelo marido antes da agressão. Outro estudo nos EUA que analisou chamados policiais por violência doméstica encontrou 86% de casos em que os agressores haviam consumido álcool no dia da agressão".[122]

De fato, o uso imoderado do álcool e da droga traz sérios prejuízos ao convívio familiar[123] e à perpetuação do ciclo da violência familiar, especialmente quando essa conduta está inserida e disseminada na sociedade como algo natural. Essa cultura dificulta a percepção do alcoolista ou do drogadiço para essa consequência, tirando-lhe a vontade de procurar ajuda e, ao mesmo tempo, dar um alento às vítimas, que se sentem responsáveis ou que presumem que devem tolerar as condutas dos ébrios e dos drogadiços. Ao nível do usuário crônico, tem-se o aumento dos riscos da violência, devido à dependência da substância estimulante da agressão.

No âmbito da violência doméstica, é comum os operadores desse ramo jurídico ouvirem de muitas vítimas que o "agressor é uma ótima pessoa, mas quando bebe, torna-se violento", como, inclusive, restou consignado no relato da experiência da Ivani, na epígrafe desse trabalho. Na verdade, como dito, existem os fatores de violência, mas que são aflorados pelas substâncias estimulantes e desinibidoras. Nessa perspectiva, a vítima tende a perdoar o agressor por culpar o álcool como causador da violência. Assim, tolera com mais facilidade os atos violentos, pois "É muito mais fácil perdoar quando o agressor bebeu. A vítima considera o álcool o culpado e não o violentador. Acredita que, quando sóbrio, a rotina de violência cessa".[124]

É inegável que o álcool e a droga favorecem a violência no momento em que diminuem ou retiram os freios do agressor e, em lares onde há abuso do consumo, a reiteração dos atos violentos são mais comuns e intensos, notadamente quando o ambiente já se encontra estressado.

[122] Idem.

[123] MEDEIROS, Katruccy Tenório e outras. **Representações sociais do uso e abuso de drogas entre familiares de usuários.** Psicol. estud. vol.18 no.2. Maringá. Abr./Jun 2013. ISSN 1413-7372.

[124] FONSECA, Arilton Martins, e outros. **Padrões de violência domiciliar associada ao uso de álcool no Brasil**. Rev. Saúde Pública. São Paulo. 2009. Pág. 743-749.

Verifica-se, diante desse quadro, a incidência negativa dessas substâncias e a necessidade de uma efetiva atuação[125].

Não se está a dizer que o consumo de bebidas alcoólicas sempre gera danos, afinal, como dito, não é a substância a causadora dos danos. Também não se está a se reclamar uma retirada do álcool da circulação. Talvez o que se espera é que o consumidor saiba quando, onde, quanto e como a ingestão deve ser realizada, para, eventualmente, poder evitar o mal, em que pese a imprevisibilidade das situações futuras. O importante é saber controlar-se dos abusos. No momento em que não há controle e surgem os fatores de risco para a violência, mostra-se imperiosa a intervenção estatal voltada para o tratamento. Com o controle, os riscos são diminuídos, especialmente para as pessoas ao redor.

Todos esses fatores das masculinidades intoxicam genericamente os relacionamentos. Entretanto, não se pode esquecer que o Brasil foi colonizado por homens brancos que moldaram todas essas atitudes humanas, imprimindo a cultura da dominação de classe e raça. Por conta dos movimentos feministas, tem-se ocorrido uma grande viragem cultural na sociedade para se admitir o desenvolvimento das liberdades, apesar de toda educação e ensinamento ainda ser feita sob as posturas masculinas e femininas exigidas, com base na virilidade. No Brasil, as masculinidades foram moldadas pelo conjunto de diversas culturas, essencialmente proveniente do povo colonizador. A construção da sociedade brasileira é marcada pela grande miscigenação entre homens e mulheres, mas essencialmente pela dominação do homem heterossexual europeu com sua postura misógina e sob a forte influência da Igreja Católica, mas sem esquecer a dominação de raças[126]. Ao mesmo tempo, a impunidade dos homens contra as mulheres se formou diante da hegemonia dos homens brancos sobre todas as mulheres e demais relações humanas existentes. Além dos abusos físicos e sexuais impunes, a construção social nesses moldes tolheu as mulheres das suas autonomias e liberdades. Além disso, estabeleceu-se a opressão de mulheres com base na raça, assentando camadas sociais distintas dentro de

[125] Idem.

[126] RUBIO, Arantza Campos. ***Aportaciones iusfeministas a La revisión crítica Del Derecho y a La experiencia jurídica. Mujeres y Derecho: Pasado y presente*** I. *[Congreso multidisciplinar de La Sección de Bizkaia de La Facultad de Derecho. III. Panel. Las mujeres: ¿titulares de derechos? Em El derecho Público]. Adela Asua Batarrita. Moderadora. España. Octubre de 2008.*

um mesmo gênero. Assim, o Brasil moldou a percepção dos homens e das mulheres sobre a própria mulher. Os costumes enraizados por gerações apresentam os modelos de machismo, de patriarcado e de dominações, com exclusão de direitos para as mulheres[127]. É sobre isso que o feminismo estuda e justifica as suas ações para o encontro da equidade de gêneros e a erradicação da violência, desmistificando o conceito único de homem e de mulher. Por isso, faz-se necessário um estudo epistemológico do ser para identificar as diversas formas de sua constituição para conferir a adequada e igual visibilidade objetiva dos gêneros.

> Com esse legado a epistemologia feminista surge como crítica dos aspectos particularistas, ideológicos, racistas e sexistas da ciência ocidental, mostrando que a produção do conhecimento, que tradicionalmente ocorre pressupõe um conceito universal de homem, em regra, branco e heterossexual. Ela desmascara as noções de objetividade e neutralidade na medida em que são impregnadas por valores masculinos. Para a epistemologia feminista, o sujeito do conhecimento é considerado como efeito das determinações culturais, inserido em um campo complexo de relações sociais, sexuais e étnicas. E os critérios de objetividade e neutralidade que supostamente garantem a "verdade" do conhecimento caem por terra, ao serem submetidos ao modo feminista de pensar que assume a dimensão subjetiva, emotiva e intuitiva do conhecimento. Abandona-se, assim, a pretensão de ser a objetividade e a neutralidade, herdadas do positivismo, como única e válida para a construção do conhecimento. A Epistemologia Feminista surge como um campo de pesquisa da Epistemologia Social, que está preocupada em investigar o papel do gênero nas diversas atividades epistêmicas. Considerando que existe preconceito de gênero infiltrado nas mais variadas áreas do conhecimento humano, parte do pressuposto de que esses preconceitos são expresso sem "determinadas afirmações e facilitado[s] pelos princípios disciplinares básicos. A experiência das mulheres torna-se invisível ou distorcida, assim como as relações de gênero" (LONGINO, 2012, p. 506).[128]

[127] WITTIG, Monique, ***The Straight Mind and other Essays,*** Boston: Beacon, 1992.

[128] MENDES, Soraia da Rosa. **Processo Penal Feminista**. 1ª edição. São Paulo: Atlas, 2020. Pág. 74.

Daí, a necessidade de uma abordagem educacional decolonial[129] para uma nova postura com base na cultura da paz e na comunicação não-violenta[130] para a admissão de novos tratamentos, essencialmente isonômicos entre os gêneros e suas camadas, livre de qualquer forma de violência, mas que a previna do problema (violência) em sua raiz, e não nos efeitos. Deve-se desconstruir esse padrão estabelecido para a formação do homem e realizar uma revisão formal e material das culturas supremacistas para ressignificar, a fim de se garantir o equilíbrio do pleno desenvolvimento da vida no Brasil. Para que isso seja devidamente implementado, todos os setores sociais devem estar dispostos à realização de uma viragem cultural significativa para se efetivar o acesso de todas as mulheres aos seus direitos, especialmente ao trabalho e à liberdade, já que isso as liberta da violência.

Em razão dos movimentos feministas, que se intensificaram na segunda metade do século XX, novos contornos foram traçados para o enfrentamento da desigualdade e da violência de contra a mulher, atribuindo às culturas machista e patriarcal como fontes centrais das causas, justamente por serem opressoras[131]. Por isso, mais adiante, o trabalho versará sobre a proposta de incursão nesses problemas como forma de prevenir a violência contra mulher, no âmbito judicial, pois se acredita que a expansão das teorias feministas servirá para a diminuição da violência contra mulheres.

Portanto, necessária a difusão das modernas ideias feministas para se ter uma visão do que existe, do que há a ser mudado e de como ser coconstruído ou transformado, afinal não existe apenas uma forma de ser e de se comportar, nem entre as próprias pessoas oprimidas. A atuação nesse enfoque, inclusive, extravasa a ideia de simples desigualdade entre homens e mulheres, e busca um debate mais profundo acerca dos privilégios e das diversas formas de opressão que existe entre as próprias mulheres. De certo, entre estas, também há camadas distintas de pessoas

[129] MIÑOSO, Yuderkys Espinosa. ***De por qué es necesario un feminismo descolonial: diferenciación, dominación coconstitutiva de la modernidad occidental y el fin de la política de identidad.*** *Revista de Filosofía Iberoamericana,* Dossier Epistemologias feministas latinoamericanas, n 1. São Paulo, 2017, pp. 141-71.

[130] ROSENBERG, Marshall B. **Comunicação não-violenta: técnicas para aprimorar relacionamentos pessoais e profissionais;** tradução Mário Vilela. – São Paulo: Ágora, 2006.

[131] BORGES, Clara Maria Roman e outro. **O machismo no banco dos réus. Uma análise feminista crítica da política criminal brasileira de combate à violência contra a mulher.** Revista da faculdade de direito – UFPR, Curitiba, vol. 60, n. 3, set./dez. 2015, p. 217-247.

oprimidas, como as negras e as indígenas, as quais oferecem um vasto caminho epistêmico e apto para se desencadear necessários debates, já que não há apenas uma dualidade de gênero a ser enfrentado, mas sim uma profunda revisão do próprio feminismo, a luz do movimento decolonial que visa erradicar a disparidade entre homens e mulheres, bem como entre estas.

> Assim como Lugones, entendemos que o feminismo decolonial percorre, revisa e dialoga com o pensamento e as produções que vêm sendo desenvolvidas por pensadoras, intelectuais, ativistas e lutadoras, feministas ou não, de ascendência africana, indígena, mestiça popular, campesina, imigrantes racializadas, bem como as acadêmicas brancas comprometidas com subalternidade na América Latina e no mundo. María Lugones,10 ao completar e ampliar a análise de Aníbal Quijano (1930-2018),11 para quem a raça é uma categoria de classificação social desenvolvida dentro do processo de colonização, propõe o que denomina um "sistema moderno colonial de gênero" como aquele por meio do qual o colonizador produz e impõe aos povos colonizados, ao mesmo tempo e sem dissociação, um regime epistêmico de diferenciação dicotômica hierárquica que distingue inicial e fundamentalmente o humano e o não humano, e do qual se desprendem as categorias de classificação social de raça-gênero. Para ela, essas categorias seriam coconstitutivas da episteme moderna colonial e não podem ser pensadas por fora dessa episteme nem tampouco de modo separado entre elas. [132]

Essa alteração de comportamento social é necessária para o alcance de um projeto pautado nas diversidades existentes no povo brasileiro e uma devida atenção a todos os indivíduos, observando a equidade e justiça. Com isso, naturalmente haverá a prevenção e proteção com a diminuição das vulnerabilidades e consequente diminuição dos fatores de riscos e da violência, especialmente contra mulheres, sob a ótica das teorias feministas existentes. Através de uma análise mais abrangente dos fatores tóxicos do relacionamento, pode-se compreender os caminhos para

[132] MIÑOSO, Yuderkys Espinosa. ***De por qué es necesario un feminismo descolonial: diferenciación, dominación coconstitutiva de la modernidad occidental y el fin de la política de identidad.*** *Revista de Filosofía Iberoamericana,* Dossier Epistemologias feministas latinoamericanas, n 1. São Paulo, 2017, pp. 141-71.

alterar os comportamentos sociais, voltados para uma compreensão da opressão de gêneros, com uma visão mais alargada que a simples relação binária.[133]

Atualmente, muito se fala no feminismo decolonial como uma excelente proposta de visão de novas políticas voltadas para a equidade de gênero, por apresentar várias opções que se encaixem nas diversidades, desconsiderando aquela visão da opressão meramente do homem branco e hétero, de modo a abranger o feminismo negro e indígena, já que também, de fato, existe e está estruturada no Brasil.

> O feminismo decolonial é um movimento em pleno crescimento e amadurecimento que proclama uma revisão da teoria e da proposta do feminismo, diante do que considera seu viés ocidental, branco e burguês. O nome foi proposto pela primeira vez por María Lugones, feminista nascida na argentina e residente nos Estados Unidos, que, após participar por alguns anos do movimento feminista de cor naquele país, volta à América Latina atraída pela política comunal que ganha visibilidade com o zapatismo e as diversas insurreições indígenas que ocorrem na região a partir da década 1990, e interessada pela recuperação do pensamento latino-americano que deriva do giro decolonial. Como ela mesma assinala, é a partir do encontro entre a perspectiva da interseccionalidade, que vinha trabalhando por décadas, e o projeto de investigação modernidade/ colonialidade que Lugones esboça a proposta de um feminismo decolonial.[134]

Com esse movimento, tem-se a base para uma estruturação de políticas e práticas voltadas ao contexto social brasileiro que existe permeada e estruturada pela diversidade, advinda, especialmente, pelo colonialismo. Enfrentar esses contextos de forma firme e embasada, a ponto de se estabelecer uma viragem cultural, só será possível com participação de pessoas e entidades capacitadas para ressignificar as masculinidades dominadoras, de modo a efetivar uma grande alteração cultural e de forma mais rápida possível, já que há muito o que ser feito.

Esse discurso se mostra importante para, diante de várias possibilidades de implementação das políticas públicas voltadas à erradicação da

[133] Idem.
[134] Idem.

violência contra mulher, poder estruturar as instituições voltadas à prevenção, proteção e punição, e, dessa forma, abranger todas as mulheres, em suas peculiaridades, bem como o agressor, para que compreenda todas as atitudes odiosas.

2.
PREVENÇÃO, PROTEÇÃO E PUNIÇÃO

2.1. Implementação formal positiva da política de prevenção e combate ao crime familiar ou doméstico

Após analisar brevemente os fatores da violência contra a mulher (machismo, patriarcalismo e masculinidade tóxica), pode-se dizer que não se confunde com as demais formas de criminalidade, em vista da relação que permeia os envolvidos. Não se trata de uma lesão ou de um perigo de lesão a um bem jurídico de um desconhecido, mas sim de uma pessoa com quem o agressor mantém ou manteve um relacionamento muito próximo e estruturado pelos sistemas machista e patriarcal. Os motivos do crime também se dissociam da criminalidade de rua. Diante desse grave problema social, no final do século XX e no início do século XXI, o Brasil começou a se debruçar nos estudos jurídicos e criminológicos voltados para o encontro das melhores medidas de prevenção da violência familiar e doméstica, proteção da mulher e punição do agressor, buscando mecanismos e ações afirmativas voltadas para erradicação da violação aos direitos das mulheres. Com isso, o sistema normativo brasileiro foi inovado, com especificidade da matéria, entre outros textos normativos, por meio da Convenção Interamericana para Prevenir, Punir e Erradicar a Violência contra a Mulher (Convenção de Belém do Pará) e da lei nº. 11.340/06 (Lei Maria da Penha), prevendo essencialmente políticas de prevenção e eliminação dos crimes familiares e domésticos contra mulheres, reconhecidos expressamente como violadores dos direitos humanos, consoante se depreende do artigo 1º da lei nº. 11.340/06.

> Art. 1º Esta Lei cria mecanismos para coibir e prevenir a violência doméstica e familiar contra a mulher, nos termos do § 8º do art. 226 da Constituição Federal, da Convenção sobre a Eliminação de Todas as Formas de Violência contra a Mulher, da Convenção Interamericana para Prevenir, Punir e Erradicar a Violência contra a Mulher e de outros tratados internacionais ratificados pela República Federativa do Brasil; dispõe sobre a criação dos Juizados de Violência Doméstica e Familiar contra a Mulher; e estabelece medidas de assistência e proteção às mulheres em situação de violência doméstica e familiar.[135]

A Convenção de Belém do Pará de 09 de junho de 1994, ratificada pelo Brasil por meio do Decreto nº 1.973, de 1º de agosto de 1996, reconheceu expressamente a necessidade de o Estado Brasileiro tomar medidas necessárias para a eliminação e erradicação da violência contra a mulher baseada no gênero, visando garantir o pleno desenvolvimento dos direitos humanos por meio de implementação de diversas políticas de proteção e combate ao ciclo da violência, bem como eliminar a histórica desigualdade de gênero, pois a Organização dos Estados Americanos se convenceu "de que a eliminação da violência contra a mulher é condição indispensável para seu desenvolvimento individual e social e sua plena e igualitária participação cm todas as esferas devida", conforme consta no preâmbulo da Convenção.[136]

Essa Convenção reconheceu expressamente os direitos da mulher, nos artigos 3º a 6º, conferindo especial proteção à vida, à liberdade, a igualdade, à segurança pessoal, à integridade física, mental e moral, podendo exercer livremente seus direitos civis, políticos, econômicos, sociais e culturais, proibindo o Brasil de impedir ou obstar o exercício desses direitos das mulheres. Com a Convenção, formalmente instituiu o direito das mulheres se verem livres de todas as formas de violências, sendo

[135] Lei 11.340/06. Disponível em http://www.planalto.gov.br/ccivil_03/_Ato2004-2006/2006/Lei/L11340.htm. Acesso em 16 ago. 2020.

[136] Convenção de Belém do Pará de 09 de junho de 1994. Disponível em http://www.cidh.org/ Basicos/Portugues/m.Belem.do.Para.htm. Acesso em 16 ago. 2020.

elas, físicas, morais, sexuais, patrimoniais, bem como das discriminações, devendo ser valorizadas e educadas livres de padrões estereotipados de comportamento e de conceitos de inferioridade e de subordinação.

Nesse Pacto, o Brasil se obrigou em adotar políticas destinadas a prevenir, punir e erradicar a violência contra mulher, baseada no gênero; em qualificar os servidores responsáveis pelo acolhimento das mulheres em todas as Instituições; em agir com zelo na prevenção, na investigação e na punição da violência contra a mulher; em instituir leis e medidas administrativas e jurídicas para prevenir, proteger e punir as diversas formas de violências contra a mulher, além de promover meio de compensação de danos. Contudo, talvez uma das obrigações mais importantes da Convenção é a promoção da modificação da cultura enraizada no Brasil. Segundo o art. 8º, alínea "b", da Convenção de Belém do Pará,

> Os Estados Partes convêm em adotar, progressivamente, medidas específicas, inclusive programas destinados a:
>
> ...
>
> b) modificar os padrões sociais e culturais de conduta de homens e mulheres, inclusive a formulação de programas formais e não formais adequados a todos os níveis do processo educacional, a fim de combater preconceitos e costumes e todas as outras práticas baseadas na premissa da inferioridade ou superioridade de qualquer dos gêneros ou nos papéis estereotipados para o homem e a mulher, que legitimem ou exacerbem a violência contra a mulher;[137]

Essa passagem da Convenção visa essencialmente eliminar a cultura do patriarcado e do machismo, por meio de programas formais ou informais, destinados a promover uma ressignificação dos gêneros, visando combater os preconceitos que desses sistemas emergem e que subjugam as mulheres, consoante se pode compreender anteriormente. Além disso, a Convenção Internacional reconheceu a vulnerabilidade das mulheres, vítimas de violências, autorizando, inclusive, entidades não-governamentais peticionarem perante a Corte Interamericana de Direito Humanos para apresentarem quaisquer violações aos direitos das mulheres.

[137] Idem.

Após 10 anos de ratificação da Convenção, o Brasil publicou a Lei Maria da Penha (Lei nº 11.340, de 7 de agosto de 2006) garantido às mulheres, seja qual for a sua classe, raça, orientação sexual, etnia, credo, os mesmos direitos fundamentais conferidos aos homens, bem como a convivência livre da violência, de modo a preservar a sua saúde física e mental. Trata-se de lei heterotópica, que institui diversos mecanismos para a prevenção e para o combate das violências domésticas. Portanto, diferente da consciência popular, a lei não define os crimes domésticos, mas instrumentaliza o Estado para o enfrentamento desse tema, além de definir a abrangência da lei. Assim, definiu a configuração da violência contra a mulher, asseverando, no artigo 5º, que:

> Para os efeitos desta Lei, configura violência doméstica e familiar contra a mulher qualquer ação ou omissão baseada no gênero que lhe cause morte, lesão, sofrimento físico, sexual ou psicológico e dano moral ou patrimonial:
>
> I – no âmbito da unidade doméstica, compreendida como o espaço de convívio permanente de pessoas, com ou sem vínculo familiar, inclusive as esporadicamente agregadas;
>
> II – no âmbito da família, compreendida como a comunidade formada por indivíduos que são ou se consideram aparentados, unidos por laços naturais, por afinidade ou por vontade expressa;
>
> III – em qualquer relação íntima de afeto, na qual o agressor conviva ou tenha convivido com a ofendida, independentemente de coabitação.
>
> Parágrafo único. As relações pessoais enunciadas neste artigo independem de orientação sexual.[138]

Além disso, a lei 11.340/06 definiu as formas de violência contra a mulher no artigo 7º, preceituando genericamente em cada inciso o *modus operandi* do agressor. Segundo o dispositivo legal, são formas de violência doméstica e familiar contra a mulher:

> I – a violência física, entendida como qualquer conduta que ofenda sua integridade ou saúde corporal;

[138] Lei 11.340/06. Disponível em http://www.planalto.gov.br/ccivil_03/_Ato2004-2006/2006/Lei/L11340.htm. Acesso em 16 ago. 2020.

II – a violência psicológica, entendida como qualquer conduta que lhe cause dano emocional e diminuição da autoestima ou que lhe prejudique e perturbe o pleno desenvolvimento ou que vise degradar ou controlar suas ações, comportamentos, crenças e decisões, mediante ameaça, constrangimento, humilhação, manipulação, isolamento, vigilância constante, perseguição contumaz, insulto, chantagem, violação de sua intimidade, ridicularização, exploração e limitação do direito de ir e vir ou qualquer outro meio que lhe cause prejuízo à saúde psicológica e à autodeterminação;

III – a violência sexual, entendida como qualquer conduta que a constranja a presenciar, a manter ou a participar de relação sexual não desejada, mediante intimidação, ameaça, coação ou uso da força; que a induza a comercializar ou a utilizar, de qualquer modo, a sua sexualidade, que a impeça de usar qualquer método contraceptivo ou que a force ao matrimônio, à gravidez, ao aborto ou à prostituição, mediante coação, chantagem, suborno ou manipulação; ou que limite ou anule o exercício de seus direitos sexuais e reprodutivos;

IV – a violência patrimonial, entendida como qualquer conduta que configure retenção, subtração, destruição parcial ou total de seus objetos, instrumentos de trabalho, documentos pessoais, bens, valores e direitos ou recursos econômicos, incluindo os destinados a satisfazer suas necessidades;

V – a violência moral, entendida como qualquer conduta que configure calúnia, difamação ou injúria.[139]

A lei Maria da Penha instituiu programas de acolhimento e de proteção às mulheres ofendidas, criou Instituições Especializadas para o atendimento das vítimas e enfrentamento dessa peculiar criminalidade. As mulheres passaram a ter acolhimento na Delegacia de Polícia Civil Especializada (DEAM), em Juízos Especializados (Juizados de Violência Doméstica), por equipes multidisciplinares, por Promotorias de Justiças Especializadas e por Defensorias Públicas Especializadas. Em determinados locais, a rede de apoio ainda é maior, contando com os trabalhos desenvolvidos pela Polícia Militar, Corpo de Bombeiros, Guarda Municipal. Além da criação dos órgãos necessários para o combate e prevenção da violência doméstica, a Lei Maria da Penha determinou a integração operacional entre o Poder Judiciário, o Ministério Público e a Defensoria Pública; fomentou estudos e pesquisas com foco nesse ramo; recomendou a realização de campanhas

[139] Idem.

educativas voltadas à prevenção da violência doméstica e familiar e que disseminem os valores éticos com perspectiva de gênero, inclusive, por meio de currículos escolares em todos os níveis de ensino, tendo o inciso VI do artigo 8º, da lei Maria da Penha, a seguinte diretriz:

> VI – a celebração de convênios, protocolos, ajustes, termos ou outros instrumentos de promoção de parceria entre órgãos governamentais ou entre estes e entidades não-governamentais, tendo por objetivo a implementação de programas de erradicação da violência doméstica e familiar contra a mulher;[140]

Todas essas assistências devem ser prestadas de forma articulada com a assistência social, sistema único de saúde e segurança pública, visando conferir às vítimas de violência doméstica atendimento prioritário em repartições públicas, voltadas para a eliminação do risco e da violência. Prevê a manutenção do vínculo empregatício e, se necessário, o afastamento do emprego, sem prejuízos. Formalmente, as vítimas passaram a contar com a rede pública de atendimento médico especializado, com a assistência jurídica gratuita, com o direito aos dispositivos de segurança, com a assistência social, devendo, inclusive, o ofensor ressarcir o erário com os gastos desses atendimentos. Além disso, a assistência é extensível aos filhos, podendo, p.ex., haver transferência escolar para uma unidade mais próxima da casa da vítima, além de casa-abrigo e sigilo de dados.

O avanço proporcionado pela lei 11.340/06 foi o detalhamento do atendimento das vítimas no âmbito da delegacia de polícia e as medidas de proteção, determinando a autoridade policial tomar medidas imediatas, visando salvaguardar a integridade física e emocional da mulher. Por isso, recomenda o atendimento preferencial por servidora do sexo feminino capacitada, promovendo a sua oitiva separadamente, a fim de garantir a lisura do depoimento, bem como a não-revitimização, contando, inclusive, com profissional especializado para a oitiva especial. A lei determina a autoridade policial fornecer transporte e casa-abrigo à mulher e, se necessário, acompanhá-la até a sua residência para retirar seus objetos, quando for o caso, bem como informá-la de seus direitos.

[140] Lei 11340/06. Disponível em http://www.planalto.gov.br/ccivil_03/_Ato2004-2006/2006/Lei/L11340.htm. Acesso em 22 ago. 2020.

O especial incremento legislativo procedimental foi conferir expressamente à própria vítima a capacidade postulatória das medidas protetivas de urgência, no artigo 19 da Lei 11.340/06, bem como, na ausência de juízos na comarca, ao próprio policial o poder de concedê-las, diante das peculiaridades de diversas cidades brasileiras, que não contam com juízos competentes na região, apesar dos avanços tecnológicos e implementação de processos eletrônicos. Em havendo Juizados competentes, os requerimentos de medidas protetivas serão remetidos dentro do prazo de 48 horas, a partir do qual o magistrado, ouvindo ou não o Ministério Público, decidirá pelo deferimento ou não das medidas de proteção, dentro do prazo de 48 horas. Em caso de flagrante delito, o requerimento é analisado na própria audiência de custódia, após a oitiva do Ministério Público e da defesa. Em não havendo prisão, a decisão será proferida pelo juiz plantonista ou pela Vara competente, a depender da ocasião. De fato, trata-se de expediente de movimentação célere, a fim de resguardar, o mais rápido possível, a integridade física e psíquica da mulher.

Segundo a Lei Maria da Penha, além de medidas de proteção não previstas em lei, o seu artigo 22 elenca as medidas protetivas nominadas. Segundo a redação, constatada a prática de violência doméstica, o juiz poderá aplicar uma ou mais medidas de proteção, sem prejuízo de outras providências que julgar necessárias. Vejamos:

> Art. 22. **Constatada** a prática de violência doméstica e familiar contra a mulher, nos termos desta Lei, o juiz poderá aplicar, de imediato, ao agressor, em conjunto ou separadamente, as seguintes medidas protetivas de urgência, entre outras: (grifo nosso)
>
> I – suspensão da posse ou restrição do porte de armas, com comunicação ao órgão competente, nos termos da Lei nº 10.826, de 22 de dezembro de 2003;
>
> II – afastamento do lar, domicílio ou local de convivência com a ofendida;
>
> III – proibição de determinadas condutas, entre as quais:
>
> a) aproximação da ofendida, de seus familiares e das testemunhas, fixando o limite mínimo de distância entre estes e o agressor;
>
> b) contato com a ofendida, seus familiares e testemunhas por qualquer meio de comunicação;
>
> c) freqüentação de determinados lugares a fim de preservar a integridade física e psicológica da ofendida;

IV – restrição ou suspensão de visitas aos dependentes menores, ouvida a equipe de atendimento multidisciplinar ou serviço similar;

V – prestação de alimentos provisionais ou provisórios.

VI – comparecimento do agressor a programas de recuperação e reeducação; e

VII – acompanhamento psicossocial do agressor, por meio de atendimento individual e/ou em grupo de apoio.[141]

Verifica-se acima que, segundo o *caput* do artigo 22 da Lei Maria da Penha, "**constatada** a prática da violência doméstica e familiar contra a mulher,...", o juiz poderá deferir medidas de proteção. Essa "constatação" se faz por meio de um juízo não-exauriente (superficial) dos fatos narrados, uma vez que o magistrado possui poucos elementos necessários para a formação de sua convicção e, destarte, sem a certeza da prática e da autoria da alegada violência. Cumpre ainda destacar que há decisões judiciais aplicando medidas de proteção ainda que ausente qualquer constatação de violência, dependendo exclusivamente dos pedidos das mulheres que assim almejarem. Com isso, têm-se as medidas protetivas autônomas, ou seja, casos em que o juiz aplica a medida quando não há o mínimo de elementos de constatação da infração penal ou quando a vítima não deseja representar nos crimes de ação penal pública condicionada à representação ou ingressar com a ação penal privada, mas simultaneamente deseja a proteção estatal. Essa situação é, inclusive, reconhecida pelo FONAVID, por meio do enunciado 45, que recomenda que "as medidas protetivas de urgência previstas na Lei 11.340/2006 podem ser deferidas de forma autônoma, apenas com base na palavra da vítima, quando ausentes outros elementos probantes nos autos". Essa recomendação é seguida pelos juízes, no sentido de deferir medida protetiva com base na palavra exclusiva da mulher, notadamente em crimes transeuntes, como, por exemplo, ameaças por palavras.

Deferida as medidas de proteção, em regra, vigoram até o final processo, seja o de conhecimento, quando da sentença absolutória, seja o de execução, com o fim do cumprimento da pena, ou, a qualquer tempo, a requerimento da vítima. Ao longo da vigência, o magistrado poderá rever

[141] Lei 11.340/06. Disponível em http://www.planalto.gov.br/ccivil_03/_Ato2004-2006/2006/Lei/L11340.htm. Acesso em 22 ago. 2020.

as medidas estabelecidas, a fim de adequar a situação concreta, como, por exemplo, reduzir ou ampliar o limite do distanciamento, suspender ou restabelecer a visitação à prole ou o porte de arma, etc. Por fim, as medidas protetivas podem ser revogadas a pedido do agressor. Isso ocorre quando há prova da desnecessidade da proibição imposta (deve provar, em razão da presunção do alegado pela vítima e da sua vulnerabilidade).

Nesse particular, é importante destacar a inexistência de disposição legal acerca do recurso contra a decisão que defere ou indefere a medida protetiva. A lei Maria da Penha é omissa sobre essa situação. Contra a decisão judicial que defere medidas protetivas, alguns Tribunais afirmam a inviabilidade do manejo do *Habeas Corpus* para se pleitear a revogação, afirmando não ser caso de privação de liberdade, malgrado as restrições estabelecidas. Igualmente, não admitem recurso em sentido estrito, por falta de amparo legal, considerando o rol taxativo do art. 581, do CPP[142].

[142] Art. 581. Caberá recurso, no sentido estrito, da decisão, despacho ou sentença:
I - que não receber a denúncia ou a queixa;
II - que concluir pela incompetência do juízo;
III - que julgar procedentes as exceções, salvo a de suspeição;
IV - que pronunciar o réu;
V - que conceder, negar, arbitrar, cassar ou julgar inidônea a fiança, indeferir requerimento de prisão preventiva ou revogá-la, conceder liberdade provisória ou relaxar a prisão em flagrante;
VI - (Revogado pela Lei nº 11.689, de 2008)
VII - que julgar quebrada a fiança ou perdido o seu valor;
VIII - que decretar a prescrição ou julgar, por outro modo, extinta a punibilidade;
IX - que indeferir o pedido de reconhecimento da prescrição ou de outra causa extintiva da punibilidade;
X - que conceder ou negar a ordem de habeas corpus;
XI - que conceder, negar ou revogar a suspensão condicional da pena;
XII - que conceder, negar ou revogar livramento condicional;
XIII - que anular o processo da instrução criminal, no todo ou em parte;
XIV - que incluir jurado na lista geral ou desta o excluir;
XV - que denegar a apelação ou a julgar deserta;
XVI - que ordenar a suspensão do processo, em virtude de questão prejudicial;
XVII - que decidir sobre a unificação de penas;
XVIII - que decidir o incidente de falsidade;
XIX - que decretar medida de segurança, depois de transitar a sentença em julgado;
XX - que impuser medida de segurança por transgressão de outra;
XXI - que mantiver ou substituir a medida de segurança, nos casos do art. 774;
XXII - que revogar a medida de segurança;

No mesmo sentido, não admitem apelação, pela natureza jurídica da decisão, que não resolve o mérito, mas sim uma questão incidental. Assim, resta a Reclamação, nos moldes de cada regimento interno do respectivo Tribunal.

Além das medidas protetivas previstas na lei 11.340/06, o magistrado poderá impor uma das medidas cautelares previstas no Código de Processo Penal. Assim, se cabível, poderá determinar o comparecimento periódico em juízo, proibição de ausentar-se da comarca, recolhimento domiciliar, internação provisória, fiança, monitoração eletrônica e, por fim, a prisão preventiva, para assegurar a devida proteção à mulher e seus dependentes.

No caso da prisão preventiva, importante cotejar o artigo 20 da Lei 11340/06 com o entendimento da 2ª Turma do Supremo Tribunal Federal, exposto no HC 188.888-MG[143], em acórdão publicado em 06 de outubro de 2020, cujo entendimento tem sido observado pelos Tribunais de 2ª instância e Superior Tribunal de Justiça. O pacote anticrime (Lei nº 13.964/19) alterou os artigos 282, §§ 2º e 4º, e 311 do Código de Processo Penal, e suprimiu a possibilidade dos juízes ordenarem a conversão de prisão preventiva de ofício. Com isso, a Segunda Turma do STF, por unanimidade, definiu entendimento pela impossibilidade jurídica de prisão preventiva de ofício, necessitando do requerimento da parte, por total falta de previsão legal, não podendo o magistrado determinar a prisão preventiva de ofício. Além disso, nesse *Writ*, estabeleceram a ilegalidade da conversão da prisão em flagrante em prisão preventiva sem a audiência de custódia. Ocorre que o artigo 20 da Lei 11.340/06, em plena vigência, autoriza expressamente o magistrado determinar a prisão preventiva de ofício, tanto na fase do inquérito policial, quando durante a instrução penal, consoante se vê na transcrição abaixo:

XXIII – que deixar de revogar a medida de segurança, nos casos em que a lei admita a revogação;
XXIV – que converter a multa em detenção ou em prisão simples.
XXV – que recusar homologação à proposta de acordo de não persecução penal, previsto no art. 28-A desta Lei.

[143] Lei 11.340/06. Disponível em http://www.stf.jus.br/portal/cms/verNoticiaDetalhe.asp?idConteudo=452951. Acesso em 25 ago. 2020.

> Art. 20. **Em qualquer fase do inquérito policial ou da instrução criminal**, caberá a **prisão preventiva** do agressor, **decretada pelo juiz, de ofício**, a requerimento do Ministério Público ou mediante representação da autoridade policial.
>
> Parágrafo único. O juiz poderá revogar a prisão preventiva se, no curso do processo, verificar a falta de motivo para que subsista, bem como de novo decretá-la, se sobrevierem razões que a justifiquem. (grifo nosso).[144]

Trata-se de lei especial onde expressamente autoriza a prisão preventiva de ofício, inclusive na fase inquisitorial. Segundo se vê, em caso de violência doméstica, a lei Maria da Penha autoriza a prisão preventiva de ofício, fazendo com que a decisão da 2ª Turma do STF, no referido *Habeas,* não se amolde ao texto legal vigente. Portanto, pode-se concluir que, pelo princípio da especialidade, autoriza-se a prisão preventiva de ofício[145]. Por outro lado, é importante lembrar a existência dos princípios correlatos do processo penal, especialmente, o do contraditório e a da ampla defesa, bem como o sistema acusatório. Para a garantia do processo, mostra-se salutar ouvir o Ministério Público e a defesa para a decretação da preventiva, notadamente nos casos de violência doméstica. Não basta o requerimento do Ministério Público ou da representação do Delegado de Polícia. É extremamente importante ouvir a defesa para definição da medida extrema, sem prejuízo à celeridade do ato. Contudo, é cediço que, no plano fático, a oitiva da defesa nem sempre acontece, por variados motivos. Não obstante, pode-se vislumbrar que o juiz poderá determinar a medida cautelar de ofício, em qualquer fase do procedimento, seguindo a literalidade da lei. Por outro lado, pode-se dizer que, seguindo o sistema acusatório, o juiz não poderá decretar a prisão preventiva de ofício, por ferir o devido processo legal e o sistema acusatório, gerando controvérsia que foge ao objetivo desse trabalho.

[144] Lei 11.340/06. Disponível em http://www.planalto.gov.br/ccivil_03/_Ato2004-2006/2006/Lei/L11340.htm. Acesso em 25 ago. 2020.

[145] BIANCHINI, Alice. **Prisão preventiva de ofício na Lei Maria da Penha: posição favorável.** Artigo disponível emhttp://www.cartaforense.com.br/conteudo/artigos/prisao--preventiva-de-oficio-na-lei-maria-da-penha-posicao-favoravel/18147. Acesso em 20 nov. 2020.

Ao final, a lei Maria da Penha acrescentou a agravante no rol descrito no artigo 61, alínea "f", do Código Penal[146], a qualificadora do §9º[147], do artigo 129, do Código Penal e a determinação de inclusão do condenado por crime doméstico em programa de reeducação e recuperação, no artigo 152, da Lei de Execuções Penais[148].

Consoante se depreende, o importante, em todo esse contexto, foi a implementação de muitas políticas sociais voltadas ao enfretamento da violência doméstica, com criação de instrumentos para a prevenção, punição e proteção, necessitando a devida materialização ou concretização no plano fático, uma vez que, em muitos locais do Brasil, encontram-se muitos obstáculos para a instituição dessa política, que também foge a ideia desse trabalho, já que se busca, aqui, apresentar melhorias nos mecanismos formais para a implementação. Entretanto, no plano formal, ainda há necessidade de acréscimos e modificações, inclusive de forma inovadora, para melhor atender essa específica criminalidade, onde se deve primar pelo atendimento da vítima e também do ofensor, com vista a garantir a efetiva erradicação da violência de gênero. É importante esclarecer que com uma intervenção nas causas apontadas acima, melhor será a resposta estatal contra a violência doméstica.

2.2. A crise do sistema de enfrentamento à violência familiar e doméstica contra a mulher

Após a inovação legislativa, quebrando inúmeros paradigmas de enfrentamento da criminalidade de gênero, e a criação de novos rumos

[146] Art. 61, CP – São circunstâncias que sempre agravam a pena, quando não constituem ou qualificam o crime: f) com abuso de autoridade ou prevalecendo-se de relações domésticas, de coabitação ou de hospitalidade, ou com violência contra a mulher na forma da lei específica; (Redação dada pela Lei nº 11.340, de 2006).

[147] Art. 129, § 9º, CP – Se a lesão for praticada contra ascendente, descendente, irmão, cônjuge ou companheiro, ou com quem conviva ou tenha convivido, ou, ainda, prevalecendo-se o agente das relações domésticas, de coabitação ou de hospitalidade: Pena – detenção, de 3 (três) meses a 3 (três) anos. (Redação dada pela Lei nº 11.340, de 2006).

[148] Art. 152. Poderão ser ministrados ao condenado, durante o tempo de permanência, cursos e palestras, ou atribuídas atividades educativas.

Parágrafo único. Nos casos de violência doméstica contra a mulher, o juiz poderá determinar o comparecimento obrigatório do agressor a programas de recuperação e reeducação. (Incluído pela Lei nº 11.340, de 2006).

institucionais, procedimentais e punitivistas, algumas situações jurídicas apresentam complexidades para o modelo processual penal e penal tradicional, que visa balancear no devido processo penal as garantias do acusado e as finalidades da pena. Por isso, não é fácil trabalhar com a condenação criminal do agressor diante a carga probatória que geralmente é produzida nos autos do processo penal em que se apura a violência de gênero, pois ocorre, muitas vezes, às escondidas. Igualmente, não se tem uma devida retribuição e prevenção com as penas dos crimes domésticos corriqueiros, com o de lesão corporal e de ameaça, já que as penas são cumpridas, em regra, em regime aberto e sem o foco na causa.

Essa crise do sistema judicial de proteção deve ser enfrentada para buscar melhores instrumentos para promover a devida proteção da mulher. Para melhor compreender esse colapso jurídico, em seguida, abordar-se-ão os temas processuais penais e penais, adotados para o enfrentamento da violência, que, em abstrato, visa prevenir, proteger e punir todas as formas de agressão. Nesses temas, demonstrará os percalços dos operadores do direito no bojo do processo e as consequências geradas para o agressor e para vítima, visando compreender a revitimização sistêmica, causadas pelas medidas judiciais e jurídicas, quando na abordagem dos fatos criminosos pelos Juizados de Violência Doméstica.

2.2.1. Quanto ao procedimento judicial de prevenção e punição da violência contra a mulher

Apesar do grande avanço legislativo, o Brasil ainda encontra problema no plano procedimental para o eficiente combate e prevenção da violência doméstica, especificamente estabelecida pelo artigo 41 da Lei 11.340/06 e da ausência de institutos necessários para o enfrentamento do machismo e patriarcalismo. O citado artigo define que "aos crimes praticados com violência doméstica e familiar contra a mulher, independentemente da pena prevista, não se aplica a Lei nº 9.099, de 26 de setembro de 1995". A Lei 9.099/95 prevê o rito sumaríssimo e as medidas despenalizadoras para os crimes de menor ou médio potencial ofensivo, propondo um processamento mais expedito, além de estabelecer a composição civil entre a vítima e o ofensor (art. 72), a transação penal (art. 76) e a suspensão condicional do processo (art. 89). Com isso, em uma interpretação literal do artigo 41 da Lei Maria da Penha, tem-se a não-incidência do rito sumaríssimo para o processamento dos delitos domésticos de menor ou médio potencial ofensivo, nem das medidas despenalizadoras, aplicando-se os ritos previstos no Código de Processo Penal. Por sua vez, a lei Maria da Penha não trouxe nenhum mecanismo procedimental específico para a desnaturalização da cultura, com a exceção da novel medida protetiva de inclusão do ofensor em programas de reeducação ou reabilitação,

Esse imbróglio não atinge os crimes de elevado potencial ofensivo, por não receberem o tratamento da lei de Juizados Especiais e, dada a gravidade dos delitos, acredita-se que o direito penal, como *ultima ratio*, deva ser chamado para essa contenda, apesar de não haver programas voltados para a erradicação do ciclo da violência no âmbito execucional.

Assim, no campo dos crimes de pequeno ou médio potencial ofensivo, a forma procedimental vem sendo debatida desde o nascedouro da lei Maria da Penha e posterior entrada no ordenamento jurídico, contudo, até o presente momento, ainda permanece a discussão, a ponto de se estabelecer diferentes formas de enfrentamento da violência doméstica pelos Juizados de Violência Doméstica, gerando insegurança jurídica e tratamento diferenciado pelos operadores jurídicos, uma vez que há juízos que aplicam a Lei 9.099/95 em muitos casos e, outros, não.

Na apresentação do projeto da Lei Maria da Penha, o grupo de trabalho expôs os seguintes motivos para a criação de uma lei prevendo um rito diferente do Juizado Especial Criminal e dos ritos estabelecido no Código de Processo Penal, inclusive, com possibilidade de se aplicar a transação penal em uma segunda audiência. O grupo que apresentou o projeto da Lei Maria da Penha expôs, entre os itens 33 a 47 da exposição, alguns institutos, fundamentos e um rito para aplicação nos casos de crimes domésticos e familiares contra a mulher. Assim,

> 33. O Juizado Especial Criminal a partir de sua previsão constitucional no art.98, foi criado para julgar as ações penais não superiores há dois anos, mediante procedimento sumaríssimo e com possibilidade de transação penal.
>
> 34. Os números mostram que, hoje, 70% dos casos julgados nos Juizados Especiais Criminais são de violência doméstica. A Lei 9.099/95, não tendo sido criada com o objetivo de atender a estes casos, não apresenta solução adequada uma vez que os mecanismos utilizados para averiguação e julgamento dos casos são restritos.
>
> 35. A Justiça Comum e a legislação anterior também não apresentaram soluções para as medidas punitivas nem para as preventivas ou de proteção

integral às mulheres. Examinando-se o modo pelo qual a violência doméstica era tratada pela Justiça Comum, a pesquisa de Carrara, Vianna e Enne realizada no Rio de Janeiro de 1991/1995, *"mostra que a Justiça condena apenas 6% dos casos de lesão corporal contra as mulheres, enviados pelas Delegacias da Mulher para a Central de Investigações, encarregada da distribuição às Varas Criminais."*[149]

Nessa passagem, o grupo que apresentou o projeto da Lei Maria da Penha observou que a Lei 9.099/95 não se adequava aos processos em que envolviam a violência doméstica, especialmente diante do tratamento dado às vítimas pelo próprio Juizado Especial Criminal, sem a perspectiva de gênero, onde as audiências, muitas vezes, eram presididas por conciliadores, que induziam a mulher à retratação da representação, ou, além disso, o Ministério Público, por meio de acordo, resolvendo os processos. Com isso, a mulher (vítima) não tinha espaço de fala. Segundo o grupo de trabalho,

> 38. Nos Juizados Especiais Criminais, o juiz, ao tomar conhecimento do fato criminoso, designa audiência de conciliação para acordo e encerramento do processo. Estas audiências geralmente são conduzidas por conciliadores, estudantes de direito, que não detêm a experiência, teórica ou prática, na aplicabilidade do Direito. Tal fato pode conduzir a avaliação dos episódios de violência doméstica como eventos únicos, quando de fato são repetidos, crônicos e acompanhados de contínuas ameaças.
>
> 39. A conciliação é um dos maiores problemas dos Juizados Especiais Criminais, visto que é a decisão terminativa do conflito, na maioria das vezes induzida pelo conciliador. A conciliação com renúncia de direito de representação geralmente é a regra.
>
> 40. Caso não haja acordo, o Ministério Público propõe a transação penal ao agressor para que cumpra as condições equivalentes à pena alternativa para encerrar o processo (pena restritiva de direitos ou multa). Não sendo possível a transação, o Ministério Público oferece denúncia e o processo segue o rito comum de julgamento para a condenação ou absolvição. Cabe ressaltar que não há escuta da vítima e ela não opina sobre a transação penal.[150]

[149] Exposição de motivos da Lei Maria da Penha. Disponível em http://www.planalto.gov.br/ccivil_03/Projetos/EXPMOTIV/SMP/2004/16.htm. Acesso em 28 ago. 2020.

[150] Idem.

Diante desse quadro, o grupo propôs, inicialmente, a criação de institutos próximos ao da lei do Juizado Especial Criminal, no âmbito dos Juizados de Violência Doméstica, de modo a encaminhar os agressores a programas de atendimentos especializados, visando conferir um tratamento especial e diferenciado aos casos de violência contra a mulher. Com isso, previu o espaço de fala à mulher, por meio de audiência especial, bem como uma possibilidade de análise das circunstâncias do crime, para, em uma segunda audiência, analisar se seria o caso de transação penal. O projeto, então, constou que:

> 42. Prevê a criação de audiência de apresentação para permitir que a vítima seja ouvida primeiro pelo juiz, em separado do agressor, e ainda que a audiência se balize pelo princípio da mediação, não podendo a mulher ser, em nenhuma hipótese, forçada à conciliação. Esta audiência deverá ser conduzida por juiz ou mediador, devendo este último ser profissional do direito, devidamente habilitado no Curso de Ciências Jurídicas e capacitado em questões de gênero.
>
> 43. A presente proposta garante, também, que a vítima esteja acompanhada por advogado na audiência, visto que a Lei 9.099/95, em seu artigo 68, concede esta prerrogativa apenas ao agressor.
>
> 44. O Projeto propõe, outrossim, alteração na Audiência de Instrução e Julgamento retirando a realização da transação penal da primeira audiência e postergando esta possibilidade para a segunda audiência. O objetivo é disponibilizar ao juiz outras ferramentas mais adequadas e eficazes para solucionar a questão, como por exemplo, o encaminhamento das partes à equipe de atendimento multidisciplinar, realização de exames periciais e providências cautelares.
>
> 45. O Projeto proíbe a aplicação de penas restritivas de direito de prestação pecuniária, cesta básica e multa, pois, atualmente, este tipo de pena é comumente aplicado nos Juizados Especiais Criminais em prejuízo da vítima e de sua família.[151]

Entretanto, após o trâmite legislativo, o projeto foi alterado e a lei proibiu a incidência da lei 9.099/95 e de institutos similares previstos nessa lei em crimes familiares ou domésticos contra mulher, vedando a aplicação dos institutos despenalizadores e penas pecuniárias, mas

[151] Idem.

criando a audiência preliminar para verificar a eventual retratação da representação[152]. Assim, os crimes domésticos e familiares contra mulher de menor ou médio potencial ofensivo passaram a ser processados na forma do Código de Processo Penal perante os Juizados Especializados, segundo o procedimento comum.

Com a inauguração de um Juizado Especializado para apuração e punição dos crimes contra mulheres em ambiente familiar ou doméstico, os crimes com penas privativas de liberdade não superiores a quatro anos passaram a seguir o rito sumário, observando-se os artigos 394 e seguintes do CPP[153], não mais adotando o rito sumaríssimo da Lei de Juizados Especiais Criminais para os crimes domésticos e familiares de menor potencial ofensivos. Os crimes com penas máximas cominadas superiores a quatro anos, continuaram a seguir o rito ordinário, previsto no Diploma Processual Penal.

Contudo, a partir da vigência da Lei Maria da Penha, surgiram debates acerca dos entendimentos que se extraíam sobre o artigo 41 da Lei 11.340/06[154]. De início, para os garantistas, ao se interpretar de forma

[152] Art. 16, lei 11.340/06 – Nas ações penais públicas condicionadas à representação da ofendida de que trata esta Lei, só será admitida a renúncia à representação perante o juiz, em audiência especialmente designada com tal finalidade, antes do recebimento da denúncia e ouvido o Ministério Público.

[153] Art. 394. O procedimento será comum ou especial.

§ 1º O procedimento comum será ordinário, sumário ou sumaríssimo:

I – ordinário, quando tiver por objeto crime cuja sanção máxima cominada for igual ou superior a 4 (quatro) anos de pena privativa de liberdade;

II – sumário, quando tiver por objeto crime cuja sanção máxima cominada seja inferior a 4 (quatro) anos de pena privativa de liberdade;

III – sumaríssimo, para as infrações penais de menor potencial ofensivo, na forma da lei.

§ 2º Aplica-se a todos os processos o procedimento comum, salvo disposições em contrário deste Código ou de lei especial.

§ 3º Nos processos de competência do Tribunal do Júri, o procedimento observará as disposições estabelecidas nos arts. 406 a 497 deste Código.

§ 4º As disposições dos arts. 395 a 398 deste Código aplicam-se a todos os procedimentos penais de primeiro grau, ainda que não regulados neste Código.

§ 5º Aplicam-se subsidiariamente aos procedimentos especial, sumário e sumaríssimo as disposições do procedimento ordinário.

[154] Art. 41, Lei 11.340/06 – Aos crimes praticados com violência doméstica e familiar contra a mulher, independentemente da pena prevista, não se aplica a Lei nº 9.099, de 26 de setembro de 1995.

restritiva e literal o artigo 41 da Lei Maria da Penha, tem-se que a vedação apenas se aplica aos crimes, e não as contravenções, uma vez que a redação do mencionado dispositivo legal somente menciona "crimes". Logo, as contravenções penais poderiam seguir o rito da lei 9.099/95, com incidência das medidas despenalizantes. Entretanto, o STJ e o STF deram entendimentos jurisprudenciais determinando a inaplicabilidade da lei 9.099/95 às contravenções penais. Segundo os Tribunais Superiores

> uma interpretação literal do disposto no art. 41 da Lei n. 11.340/2006 viabilizaria, em apressado olhar, a conclusão de que os institutos despenalizadores da Lei 9.099/1995, entre eles a transação penal, seriam aplicáveis às contravenções penais. Contudo, considerando a finalidade da norma e o enfoque da ordem jurídico – constitucional, tem-se que, considerados os fins sociais a que a lei se destina, o artigo 41 da Lei n. 11.340/2006 afasta a incidência da Lei n. 9.099/95, de forma categórica, tanto aos crimes quanto às contravenções penais, a *mens legis* do disposto no referido preceito não poderia ser outra, senão de alcançar também as contravenções penais.[155]

Portanto, todos os crimes e contravenções penais seguem os ritos definidos no Código de Processo Penal, sem a incidência de qualquer dispositivo da lei 9.099/95, segundo as orientações jurisprudenciais dos Tribunais Superiores.

Outro ponto que restou consignado no julgado da Ação de Direta de Inconstitucionalidade nº 4.424 pelo STF foi que, com a vedação da incidência da lei 9.099/95, o crime de lesão corporal contra mulher em contexto doméstico ou familiar seria de ação penal pública incondicionada, de modo a não se admitir o arquivamento das peças de informação com base no pedido da vítima, cuja ementa consignou o seguinte:

> AÇÃO PENAL – VIOLÊNCIA DOMÉSTICA CONTRA A MULHER – LESÃO CORPORAL – NATUREZA. A ação penal relativa a lesão corporal resultante de violência doméstica contra a mulher é pública incondicionada[156].

[155] STJ, HC n. 280.788/RS, Rel. Min. Rogério Schietti Cruz, j. 03.04.2014; no mesmo sentido STF, HC n. 106.212/MS, Rel. Min. Marco Aurélio Mello, j. 24.03.2011.

[156] Ação Direta de Inconstitucionalidade 4.424 Distrito Federal. Relator: Min. Marco Aurélio, J. 09/02/2012.

Com isso, todas as formas de lesão corporal contra mulher, em contexto de violência de gênero, devem ser processadas até a sentença final. Nessa mesma linha, o STJ sedimentou posicionamento por meio da súmula abaixo transcrita:

> SÚMULA 542: A ação penal relativa ao crime de lesão corporal resultante de violência doméstica contra a mulher é pública incondicionada.[157]

Nesse norte, o STJ definiu a vedação da aplicação da suspensão condicional do processo, da transação penal, de penas restritivas de direitos em caso de crimes com violência ou grave ameaça e do princípio da insignificância nesses crimes, cujos extratos dos julgados resultaram nos seguintes enunciados:

> SÚMULA 536: A suspensão condicional do processo e a transação penal não se aplicam na hipótese de delitos sujeitos ao rito da Lei Maria da Penha. (Súmula 536, TERCEIRA SEÇÃO, julgado em 10/06/2015, DJe 15/06/2015)

> SÚMULA 588: A prática de crime ou contravenção penal contra a mulher com violência ou grave ameaça no ambiente doméstico impossibilita a substituição da pena privativa de liberdade por restritiva de direitos.[158]

> SÚMULA 589: É inaplicável o princípio da insignificância nos crimes ou contravenções penais praticados contra a mulher no âmbito das relações domésticas.[159]

Recentemente, a lei 13.964/19 (pacote anticrime) vedou a adoção dos acordos de não-persecução penal em casos de violência doméstica e familiar contra a mulher, no art. 28-A, §2º, IV, do CPP[160], proibindo, assim, qualquer barganha com o acusado envolvido em crimes dessa espécie.

[157] Súmula 542, Terceira Seção, julgado em 26/08/2015, DJe 31/08/2015.

[158] Súmula 588, Terceira Seção, julgado em 13/09/2017, DJe 18/09/2017

[159] Súmula 589, Terceira Seção, julgado em 13/09/2017, DJe 18/09/2017

[160] Art. 28-A. Não sendo caso de arquivamento e tendo o investigado confessado formal e circunstancialmente a prática de infração penal sem violência ou grave ameaça e com pena mínima inferior a 4 (quatro) anos, o Ministério Público poderá propor acordo de não persecução penal, desde que necessário e suficiente para reprovação e prevenção do crime, mediante

Com todos esses entendimentos, tem-se a adoção do procedimento comum, sumário ou ordinário, previsto no Código de Processo Penal, do início ao fim do processo. A partir da denúncia ou da queixa, o processo criminal deve culminar com a prolação da sentença judicial, em vista da impossibilidade de qualquer acordo, ainda que seja a primeira incidência penal do réu. Portanto, o réu fica condicionado ao desfecho processual por meio de uma decisão judicial, mas, por não compreender o seu comportamento tóxico, o ciclo da violência permanece e os riscos perpetuam-se para todos os envolvidos (lógico, especialmente às mulheres), pois, com exceção das medidas protetivas de urgência, não há nenhuma medida efetiva, no âmbito do procedimento ao controle e erradicação dos fatores da violência, pois, seja qual for a sentença (absolutória ou condenatória), o fim a que se propõe o processo (fim da violência doméstica) não será alcançado.

Contudo, a lei 13.984/20 alterou o artigo 22 da lei 11.340/06 e acrescentou, no inciso VI, a medida protetiva consistente no comparecimento do agressor a programas de recuperação e reeducação. Nesse caso, diante dos fatos narrados no boletim de ocorrência, ou no inquérito policial ou na denúncia, o magistrado poderá impor essa obrigação. Essa medida mostra-se altamente complexa, em razão do eventual descumprimento. Caso o ofensor não compareça ao grupo reflexivo, incorrerá no crime de descumprimento de medida protetiva, bem como abrirá margem para a decretação da prisão preventiva, ao se realizar uma interpretação dos artigos 24-A, da Lei Maria da Penha[161] e dos artigos 312 e 313, do CPP[162],

as seguintes condições ajustadas cumulativa e alternativamente: (Incluído pela Lei nº 13.964, de 2019).
...*Omissis*
§ 2º O disposto no caput deste artigo não se aplica nas seguintes hipóteses: (Incluído pela Lei nº 13.964, de 2019).
...*Omissis.*
IV – nos crimes praticados no âmbito de violência doméstica ou familiar, ou praticados contra a mulher por razões da condição de sexo feminino, em favor do agressor. (Incluído pela Lei nº 13.964, de 2019).

[161] Art. 24-A. Descumprir decisão judicial que defere medidas protetivas de urgência previstas nesta Lei:
Pena – detenção, de 3 (três) meses a 2 (dois) anos.

[162] Art. 312. A prisão preventiva poderá ser decretada como garantia da ordem pública, da ordem econômica, por conveniência da instrução criminal ou para assegurar a aplicação da lei

que tem os fins de garantir a aplicação da lei e a proteção da mulher. Por óbvio, a medida mostra-se desproporcional e com viés punitivista e arbitrário, por ferir a presunção de inocência, já que pode ser aplicada no curso da investigação policial ou da instrução processual. Nesse caso, os fins não justificam os meios. É importante a inclusão do ofensor ou daquele que aceitar o programa, sob pena de inobservância aos princípios constitucionais garantidores do devido processo legal, afinal de contas, essa medida protetiva exige uma ação positiva do suposto agressor (um fazer), assemelhando-se às penas restritivas de direitos, como a limitação de final de semana.

Portanto, ao longo do processo de conhecimento, não há nenhuma medida que atue na causa, apesar da efetividade das medidas protetivas e cautelares que atuam na prevenção dos efeitos, mas não nas causas.

Após a condenação do agressor, no âmbito da execução penal, a Lei 7.210/84 e o Código Penal não têm nenhuma medida ou programa voltado especificamente para condenados por crimes domésticos e familiares. As penas desses condenados são executadas nos mesmos moldes de qualquer apenado por delito outro. Com o entendimento sumular número 588, do STJ, proibindo a conversão das penas privativas de liberdade em restritivas de direitos, como regra geral (pois os crimes, em regra, são com violência e ameaça), é inviável a aplicação da limitação de fim de semana, previsto no

penal, quando houver prova da existência do crime e indício suficiente de autoria e de perigo gerado pelo estado de liberdade do imputado.

§ 1º A prisão preventiva também poderá ser decretada em caso de descumprimento de qualquer das obrigações impostas por força de outras medidas cautelares (art. 282, § 4º).

§ 2º A decisão que decretar a prisão preventiva deve ser motivada e fundamentada em receio de perigo e existência concreta de fatos novos ou contemporâneos que justifiquem a aplicação da medida adotada.

Art. 313. Nos termos do art. 312 deste Código, será admitida a decretação da prisão preventiva:

I – nos crimes dolosos punidos com pena privativa de liberdade máxima superior a 4 (quatro) anos;

II – se tiver sido condenado por outro crime doloso, em sentença transitada em julgado, ressalvado o disposto no inciso I do caput do art. 64 do Decreto-Lei nº 2.848, de 7 de dezembro de 1940 – Código Penal;

III – se o crime envolver violência doméstica e familiar contra a mulher, criança, adolescente, idoso, enfermo ou pessoa com deficiência, para garantir a execução das medidas protetivas de urgência;

artigo 48 do Código Penal[163]. Portanto, não se pode aplicar o disposto no art. 152, da Lei de Execuções Penais[164], salvo em caso de *sursis* penal, que faz remissão à limitação de fim de semana, no artigo 78, §1º, do Código Penal[165].

No caso da suspensão condicional da pena, o que se depreende é a sua inaplicabilidade pelo fato de ser extremamente prejudicial ao apenado, já que possui condições, efeitos e duração muito mais severos que a pena aplicada. As penas dos crimes domésticos a réus primários são, em média, de 01 a 03 meses de prisão – em se tratando de crime de lesão corporal e ameaça (as maiores incidências), a serem cumpridas em regime aberto. Assim, entre a prisão domiciliar (local de cumprimento do regime aberto na falta de casa do albergado) e o *sursis* penal, por este último ser direito subjetivo do apenado, por óbvio, rejeitam-se o "benefício" da suspensão da pena na audiência admonitória[166], para poder cumprir a medida mais branda e em menos tempo.

Logo, como se vê, utiliza-se o processo penal, sob o rito comum, do início ao fim para o enfrentamento dessa específica criminalidade. No âmbito da fase de conhecimento e da execução penal, inexistem medidas de prevenção da causa da criminalidade de gênero. Como já enfatizado, a violência doméstica e familiar contra a mulher merece especial atenção, dada a sua característica diferenciada das demais formas criminais. Não se

[163] Art. 48 – A limitação de fim de semana consiste na obrigação de permanecer, aos sábados e domingos, por 5 (cinco) horas diárias, em casa de albergado ou outro estabelecimento adequado.
Parágrafo único – Durante a permanência poderão ser ministrados ao condenado cursos e palestras ou atribuídas atividades educativas.

[164] Art. 152. Poderão ser ministrados ao condenado, durante o tempo de permanência, cursos e palestras, ou atribuídas atividades educativas.
Parágrafo único. Nos casos de violência doméstica contra a mulher, o juiz poderá determinar o comparecimento obrigatório do agressor a programas de recuperação e reeducação. (Incluído pela Lei nº 11.340, de 2006).

[165] Art. 78 – Durante o prazo da suspensão, o condenado ficará sujeito à observação e ao cumprimento das condições estabelecidas pelo juiz.
§ 1º – No primeiro ano do prazo, deverá o condenado prestar serviços à comunidade (art. 46) ou submeter-se à limitação de fim de semana (art. 48).

[166] Art. 161 da Lei 7.210/84. Se, intimado pessoalmente ou por edital com prazo de 20 (vinte) dias, o réu não comparecer injustificadamente à audiência admonitória, a suspensão ficará sem efeito e será executada imediatamente a pena.

pode fazer uso exclusivo do direito punitivo para querer erradicar o ciclo da violência, pois os instrumentos usados não permitem qualquer reflexão sobre os fatores da violência – a masculinidade tóxica. Daí surge a necessidade de se inovar no sistema jurídico para o devido e eficaz combate e erradicação, cuja proposta segue mais adiante.

2.2.2. Quanto ao valor da palavra da vítima no processo penal perante o Juizado de Violência Doméstica

A persecução penal em desfavor de transgressores da lei penal é regida por princípios garantidores dos direitos fundamentais, tais como o devido processo legal, a presunção de inocência, a legalidade, a paridade de armas, entre outros, que norteiam e protegem os direitos e as garantias de primeira geração. Necessário que sejam respeitados parâmetros constitucionais para inibir arbitrariedades do Estado frente à pretensão punitiva. Logo, se durante a perseguição criminal produziu-se provas bastante para fundamentar a condenação, essa decisão deverá ser prolatada. Em sentido inverso, se não há provas suficientes, a absolvição é a medida que se espera.

A grande problemática no âmbito da apuração dos delitos domésticos encontra-se no fato de muitas vezes não haver provas robustas do fato imputado, em razão de o crime ser praticado às escondidas. Assim, normalmente a imputação e a condenação baseiam-se exclusivamente na palavra da vítima.

Importante lembrar que, ao longo do tempo, as palavras recebiam diferentes atenções e credibilidades quando em julgamento. Apesar de não se ter comprovação, afirma-se que, no período denominado como "vingança privada", a palavra da vítima era a que bastava para a condenação. A versão apresentada pela ofendida era o que preponderava para a prolação de uma decisão condenatória. Portanto, a vítima, nesse período, era a protagonista, ao menos para o édito condenatório. Após a adjudicação estatal da justiça, a vítima viveu um momento de neutralidade e insignificância. Posteriormente, um momento de redescobrimento de sua importância no processo penal, momento que sua palavra passou a ser relevante para as investigações[167].

[167] MOLINA, Antonio García-Pablos de et al. Criminologia – Introdução a seus fundamentos teóricos. Introdução às bases criminológicas da lei 9.099/95 – Lei dos Juizados Especiais Criminais. 7 ed. São Paulo. Ed. Revista dos Tribunais, 2010.

É cediço que, no sistema de provas do direito brasileiro, o órgão acusador deve trazer ao processo elementos robustos de incriminação e de subsunção fática ao tipo penal, que, em tese, amolda o fato ao tipo penal incriminador, devido ao seu ônus probatório, conforme o que dispõe o Código de Processo Penal, em seu artigo 156[168]. Com amparo em um modelo garantista do processo penal, não sendo demonstrado nos autos que a conduta perpetrada pelo acusado possa ser reprimida por meio do direito penal, visto que o conjunto probatório carreado aos autos não pode embasar, por si só, um édito condenatório, a absolvição mostra-se a medida mais escorreita. É totalmente desproporcional e irrazoável a edição de um decreto condenatório diante da ausência suficiente de prova em desfavor de um acusado, pois lesiona inclusive o princípio do devido processo legal. Uma condenação criminal, lastreada em frágil conjunto probatório, apresenta-se unicamente sob a faceta da teoria da retribuição, numa linha de vingança, sob o pálio da responsabilidade flutuante.

> Outra característica da pena que busca vingança é a responsabilidade flutuante, ou seja, a busca incessante pela punição de alguém em face da deterioração de um bem jurídico, ainda que sem prova suficiente da culpa, apenas para aplacar o sentimento social de vingança. Mais importante que punir o culpado é punir alguém, punir qualquer um, ainda que incerta a existência de crime ou de sua autoria.[169]

Outro ponto que trouxe grande alteração nos feitos que buscam a responsabilização do ofensor doméstico foi conferir especial relevância à palavra da vítima, especialmente diante da dificuldade probatória. No âmbito procedimental investigatório, para a elucidação do crime, a palavra da vítima revela-se de suma importância para contextualizar a dinâmica do fato criminoso ocorrido, de modo a possibilitar ao Estado o exercício de seu direito punitivo. A vítima, nesse contexto, recebe especial atenção, pois consegue narrar o fato, direta ou indiretamente, com muita riqueza de detalhes. Daí, sua palavra recebe especial importância pelos juristas,

[168] Art. 156. A prova da alegação incumbirá a quem a fizer, sendo, porém, facultado ao juiz de ofício: *omissis*.

[169] JUNQUEIRA. Patrícia Vanzolini e Gustavo. Manual de direito penal: parte geral –4ª Ed., São Paulo. Saraiva. 2018.

com o fito de se estabelecer as premissas necessárias para a investigação, com foco da resolução do caso na forma dos ditames legais. Com precisão, Aury Lopes Júnior (2012) afirma que

> Desenhar o papel da vítima no processo penal sempre foi uma tarefa das mais tormentosas. Se de um lado pode ela ser portadora de diferentes tipos de intenções negativas (vingança, interesses escusos etc.), que podem contaminar o processo, de outro não se pode deixá-la ao desabrigo e tampouco negar valor ao que sabe.[170]

Especificamente em crimes transeuntes, como, por exemplo, o de ameaça por palavra, em um contexto fático com ausência de testemunha presencial, a palavra da ofendida mostra-se muito relevante para se desvendar do delito. Em crimes que não deixam vestígios e que ocorrem às escondidas dentro do ambiente familiar, a palavra da ofendida recebe valor extraordinário e absoluto, quando firme, harmônico, verossímil e coerente. Nesse particular, a jurisprudência tem se firmado, no sentido de conferir especial valor à palavra da vítima, inclusive sobrepondo-se ao do próprio acusado. No âmbito do Superior Tribunal de Justiça, tem-se:

> PENAL E PROCESSUAL PENAL. HABEAS CORPUS SUBSTITUTIVO DE RECURSO ESPECIAL. NÃO CABIMENTO. CÁRCERE PRIVADO E AMEAÇA NO ÂMBITO DE VIOLÊNCIA DOMÉSTICA. ABSOLVIÇÃO. NECESSIDADE DE AMPLO REEXAME DO MATERIAL FÁTICO-PROBATÓRIO. INVIABILIDADE. PALAVRA DA VÍTIMA. ESPECIAL RELEVÂNCIA NOS CRIMES PRATICADOS NO ÂMBITO DA VIOLÊNCIA DOMÉSTICA. PRECEDENTES. HABEAS CORPUS NÃO CONHECIDO.
>
> I – A Terceira Seção desta Corte, seguindo entendimento firmado pela Primeira Turma do col. Pretório Excelso, firmou orientação no sentido de não admitir a impetração de habeas corpus em substituição ao recurso adequado, situação que implica o não-conhecimento da impetração, ressalvados casos excepcionais em que, configurada flagrante ilegalidade apta a gerar constrangimento ilegal, seja possível a concessão da ordem de ofício.

[170] LOPES JR, Aury. Direito Processual Penal. 9ª ed., rev. e atual., São Paulo, Ed. Saraiva, 2012.

> II – Mostra-se inviável o pedido absolutório, pois evidente a necessidade de amplo reexame do material fático-probatório dos autos, procedimento que, a toda evidência, é incompatível com a estreita via do habeas corpus.
>
> III – Nos crimes praticados no âmbito de violência doméstica, a palavra da vítima possui especial relevância, uma vez que são cometidos, em sua grande maioria, às escondidas, sem a presença de testemunhas. Precedentes.
>
> Habeas corpus não conhecido.[171]

No âmbito do Tribunal de Justiça do Distrito Federal e dos Territórios, a jurisprudência também está em sintonia com o STJ, como se depreende a seguir:

> APELAÇÃO CRIMINAL. VIOLÊNCIA DOMÉSTICA E FAMILIAR CONTRA A MULHER. AMEAÇA. ABSOLVIÇÃO. IMPOSSIBILIDADE. MATERIALIDADE E AUTORIA COMPROVADAS. PALAVRA DA VÍTIMA PROVA SUFICIENTE. INDENIZAÇÃO. DANO MORAL. MAJORAÇÃO DO VALOR. POSSIBILIDADE.
>
> I – No crime de ameaça praticado no âmbito doméstico e familiar contra a mulher, a palavra da vítima tem especial relevo, notadamente quando mantém a mesma versão em todas as vezes que é ouvida.
>
> II – Para a configuração do crime de ameaça, a promessa de mal injusto e grave deve ser suficiente para abalar a tranquilidade psíquica e a sensação de segurança da vítima.
>
> III – Demonstrado concretamente pelas provas colhidas nos autos que a vítima se sentiu atemorizada pelas palavras do ofensor, tanto que procurou a proteção Estatal, é de rigor manter a condenação do agente pelo crime de ameaça.
>
> IV – O STJ, no julgamento do REsp 1643051/MS, sob a sistemática dos recursos repetitivos, entendeu ser possível o arbitramento de valor mínimo a título de indenização por danos morais nos casos de violência doméstica e familiar contra a mulher, nos termos do art. 387, IV, do CPP.
>
> V – Firmou-se o entendimento de que a indenização por dano moral na esfera penal, em caso de violência doméstica e familiar contra a mulher, deve ser arbitrada mediante pedido expresso e formal, em respeito às garantias

[171] HC 385290 / RS HABEAS CORPUS 2017/0006094-0 – Ministro FELIX FISCHER (1109) – QUINTA TURMA – 06/04/2017.

do contraditório e da ampla defesa, sendo prescindível a indicação do valor mínimo pretendido e instrução probatória, por se tratar de dano *in reipsa.*

VI – Para o estabelecimento do montante devido a título de danos morais, segundo o entendimento do STJ, devem ser observadas a condição social, educacional, profissional e econômica do lesado, a intensidade de seu sofrimento, a situação econômica do ofensor e os benefícios que obteve com o ilícito, a intensidade do dolo ou o grau de culpa, a gravidade e a repercussão da ofensa, bem como as peculiaridades das circunstâncias que envolveram o caso. Revelando-se reduzido, impõe-se sua majoração.

VII – Recursos conhecidos. Apelo Ministerial parcialmente provido. Recurso da Defesa desprovido.[172]

Pode-se afirmar que esses julgados representam a posição majoritária dos Tribunais por todo o país. É nesse sentido que se vem julgando crimes transeuntes praticados em contexto de violência doméstica e familiar, dando grande relevância à palavra da vítima, ainda que isolada, bastando, para tanto, que seja coerente e harmônica. Dessa feita, nas ocasiões em que é ouvida – na delegacia e em juízo –, se a ofendida apresentar a mesma versão, tem-se a coesão da palavra, inclusive sobrepondo-se a versão do réu. A análise da coerência e harmonia da palavra da vítima encontra-se, basicamente, em sua repetição da história apresentada. Não havendo incongruência, tem-se a firmeza da palavra. Porém, importante ressaltar que, por ter havido violação ou perigo de lesão contra o seu bem jurídico, a vítima também carrega grande carga emocional para a narrativa da dinâmica fática, de maneira que se mostra parcial e interessada na elucidação do fato, de modo a buscar o resultado da maneira como lhe melhor convir, de modo que sequer presta compromisso legal de dizer a verdade, em que pese a existência de tipos penais incriminadores de denunciação caluniosa e falsa comunicação de crime (arts. 339 e 340, do CP). Por isso, a versão da vítima deve ser analisada com cuidado e reserva, sendo imperioso o confronto com os demais elementos probatórios, se acaso existentes.

[172] Acórdão n.1173518, 20150610134619APR, Relator: NILSONI DE FREITAS CUSTODIO 3ª TURMA CRIMINAL, Data de Julgamento: 23/05/2019, Publicado no DJE: 29/05/2019. Pág.: 4594/4614.

> A vítima está contaminada pelo "caso penal", pois dele fez parte. Isso acarreta interesses (diretos) nos mais diversos sentidos, tanto para beneficiar o acusado (por medo, por exemplo) como também para prejudicar um inocente (vingança, pelos mais diferentes motivos). Para além desse comprometimento material, em termos processuais, a vítima não presta compromisso de dizer a verdade (abrindo-se a porta para que minta impunemente).[173]

Vê-se, portanto, que a palavra da mulher ofendida, em crimes sem vestígios e sem testemunhas, se sobressalta, quando coerente, ainda que isolada, ante a falta de outros elementos probatórios, a ponto de se fundamentar sentenças condenatórias. Ressalta-se apenas que, quanto aos crimes sexuais, sem vestígios e provas, depara-se com uma grande inquietação para a condenação com apenas a palavra da vítima, em razão das consequências penais ao réu e de questões patriarcais que permeiam o caso. Com isso, além de questões vinculadas ao próprio machismo, sentenças absolutórias costumam aparecer com mais vezes, quando comparadas com as sentenças dos delitos menor potencial ofensivo.

O interessante é que o réu também é figura indispensável para a estabilização da demanda penal. Sem ele, não há processo. Nele, o réu pode, inclusive, confessar os fatos imputados. Contudo, a confissão não recebe valor absoluto, há grande necessidade de se avaliá-la dentro do contexto de provas existentes nos autos em que se discute a imputação. O Código de Processo Penal assevera em seu art. 197 que:

> O valor da confissão se aferirá pelos critérios adotados para os outros elementos de prova, e para a sua apreciação o juiz deverá confrontá-la com as demais provas do processo, verificando se entre ela e estas existem compatibilidade ou concordância.

Nota-se nitidamente que o juiz deve confrontá-la com outras provas do processo, verificando-se a concordância ou compatibilidade entre elas. Não se pode, portanto, aceitar exclusivamente a confissão para se emitir um decreto condenatório. Tourinho Filho leciona que, "muitas vezes, circunstâncias várias podem levar um indivíduo a reconhecer-se

[173] LOPES JR, Aury. **Direito Processual Penal**. 9ª ed., rev. e atual., São Paulo, Ed. Saraiva, 2012.

culpado de uma infração que realmente não praticou"[174], de modo que existe a autoacusação falsa por interesses diversos. Preocupado com essa situação, o legislador penal instituiu o crime previsto no art. 341[175], no Código Penal, incriminando a autoacusação falsa, por atingir a dignidade da administração da justiça, como forma de evitar uma falsa confissão de crime. Nesse particular, estar-se-á a incriminar a mentira.

É obvio que a confissão é prova necessária e valiosa, mas não possui valor absoluto. Quando isolada, não tem o condão de fundamentar a decisão condenatória, dada a fragilidade probatória ou eventualmente da presunção da sua falsidade. Nesse sentido, o item VII da exposição de motivos do Código de Processo Penal afirma que a "confissão do acusado não constitui, fatalmente, prova plena de culpabilidade; nenhuma delas terá, *ex vi legis,* valor decisivo, ou necessariamente maior prestígio que outra". Logo, não constitui prova *jure et jure*. É importante sopesá-la, cotejando os demais elementos de prova existente. Não é a rainha das provas. Assim, diante da ausência de outras provas, a confissão não pode embasar decreto condenatório, como ocorria no sistema inquisitivo medieval.

Mister ressaltar que, para o reconhecimento da validade da confissão, imperiosa a existência e a incidência de requisitos intrínsecos e extrínsecos. Avena aponta que, para a validade da confissão, é importante se fazerem presentes a verossimilhança (probabilidade de o fato efetivamente ter ocorrido da forma como confessada pelo réu), a clareza (narrativa compreensível e com sentido inequívoco), a persistência (repetição dos mesmos aspectos e circunstâncias, sem modificação no relato quanto aos detalhes principais da ação delituosa), a coincidência (repetição dos mesmos aspectos e circunstâncias, sem modificação no relato quanto aos detalhes principais da ação delituosa). Além disso, formalmente, a pessoalidade (realizada pelo próprio réu), o caráter expresso (reduzida a termo), a oficialidade (perante o juiz competente), a espontaneidade (oferecida sem qualquer coação), a saúde mental (relato não está sendo fruto da imaginação ou de alucinações do acusado). Além desses requisitos para sopesamento da confissão, é necessário ressaltar uma das características,

[174] TOURINHO FILHO, Fernando da Costa. Processo Penal. 35ª Ed. São Paulo: Saraiva. 2013, pág. 186.

[175] Art. 341 – Acusar-se, perante a autoridade, de crime inexistente ou praticado por outrem: Pena – detenção, de três meses a dois anos, ou multa.

consistente na retratabilidade, no sentido de que o confitente pode se desdizer, denotando, inclusive, a fragilidade da confissão.[176]

Assim, depreende-se que, apesar da importância probatória, a confissão deve ser analisada em conjunto com as provas existentes, de modo que, se isolada, não merece guarida para o decreto condenatório.

Nesse paradoxo, não se deve desprezar a importância da palavra da vítima, nem da do réu, devendo ser colocadas em patamares de relevo dentro de um justo processo legal. Como afirmado, a palavra da vítima, em crimes de natureza doméstica, recebe especial valor, quando se depara com ela isolada, mas coerente dentro de sua narrativa. Quando a vítima, seja ela quem for, narra que sofreu, por exemplo, uma ameaça séria e grave, tem-se a credibilidade em sua palavra, por não ser natural alguém imputar um fato criminoso a alguém, ainda mais dentro de um contexto familiar ou doméstico. Trata-se, por óbvio, de uma premissa que facilmente poderia ser falseada, mas que é juridicamente analisada nos juízos que tratam de violência doméstica. E, nesses ambientes, a afirmação da vítima recebe enorme valor, invertendo-se a carga probatória para o réu, que, agora, tem que provar sua inocência por meio de provas negativas ou desconstrução da narrativa da vítima. De fato, a jurisprudência é pacífica em colocar a palavra da vítima acima da versão do acusado, de modo a servir para a condenação, ainda que ausentes outros elementos probatórios, mas desde que firmes e harmônicos, dando um novo horizonte ao "devido" processo legal, pelo menos em crimes não-sexuais. Os Tribunais brasileiros reconhecem essa força da palavra da vítima, quando coerente. E, como visto, a coerência é demonstrada basicamente pela repetição da versão apresentada acerca do episódio factível nos momentos em que a vítima é ouvida.

Importante ressaltar, entretanto, que o mesmo peso não é conferido à palavra do acusado, quando firme e coerente, salvo nos crimes sexuais, em razão da gravidade das consequências penais e a existência do machismo. Sem qualquer receio, afirma-se que, diante dessa colisão entre as manifestações e palavras, os Tribunais têm-se inclinado a conferir mais credibilidade à vítima e a proferir condenações com base exclusivamente na versão da vítima, ainda que contraditada pelo acusado. Contudo, em

[176] AVENA, Norberto Cláudio Pâncaro. Processo Penal Esquematizado. São Paulo: Método, 2009.

crimes de estupro, os magistrados tomam maiores cuidados e observam com mais profundidade a carga probatória colhida e, em caso de ausência, havendo somente a palavra da vítima, a absolvição é a medida mais vista, em nosso sentir.

Sabe-se que a doutrina clássica do processo penal, preceitua que, em caso de dúvida, a absolvição é a medida mais justa, não se admitindo a supervalorização da palavra da vítima, seja ela quem for. Por outro lado, modernamente, sob o discurso da revitimização e do enfrentamento da violência contra a mulher, especialmente diante das teorias feministas acerca do processo penal, caso não se adotem determinadas posições, certamente não haverá combate do ciclo de violência contra a mulher, silenciando-se as vítimas.

> *Cabe destacar que las mujeres, en el caso de ser consideradas víctimas, carecen de toda protección específica por parte del Estado; deben ellas mismas instar la acción penal, y, como dijimos, no se ha permitido que las mujeres autónomamente decidan reclamar sus derechos por vías diferentes a las del derecho penal. Así, aquellas mujeres que denuncien la violencia se verán forzadas a pretender que el Estado castigue a los culpables, sin poder abrirse paso a sus propias pretensiones, y sin poder pedir ayuda para llevarlas a cabo. No se trata, por tanto, de la definición del derecho penal como un mecanismo idóneo: se trata de la ausencia de alternativas de solución eficaces por parte del Estado, se trata de la lucha por el reconocimiento como sujetos de derechos con identidad y necesidades específicas y propias, se trata de la utilización de la única herramienta que el sistema pone a disposición de las mujeres para enfrentar la violencia. Tal como refiere Smaus, se trata de que el Estado y la sociedad reconozcan el daño que la violencia sexual causa a los derechos fundamentales de las mujeres. Por lo tanto el problema aqui no es un problema de víctimas, más o menos vengativas o sanguinarias, ni de defensa de los derechos de las víctimas. Tal como está planteado es un problema, en todo caso, de política criminal, de participación en la criminalización de las conductas y de selectividad en cuanto a quiénes podrán ser considerados víctimas, quiénes criminales, y quiénes perseguirán a estos últimos, si se quiere.*[177]

[177] SÁNCHEZ, Luciana. ***Feminismo legal y abolicionismo: El cocinero, El ladrón, su mujer y su amante***. Disponível em <http://www.pensamientopenal.com.ar/articulos/feminismo-legal--abolicionismo-cocinero-ladron-su-mujer-su-amante>. Publicado em 17 de maio de 2006. Acesso em 12 fev. 2021.

Não se desconhece o grande número de violências familiares e domésticas existentes diariamente em nosso país, nem, por outro lado, como já destacado, se pretende uma mera abordagem abolicionista[178]-[179], no sentido de almejar a impunidade puramente, mas garantir minimamente a observância os postulados que norteiam a prova e o processo penal[180]. Por isso, dentro desse processo, a vítima de violência doméstica ganha um espaço diferente das vítimas dos processos por crimes comuns. A dinâmica estabelecida pelo julgador imparcial, na obtenção das palavras nos crimes domésticos, determina que se faça por meio de uma escuta qualificada, onde culmina na construção de uma narrativa apresentada segundo a história de vida. Com isso, a narrativa ganha corpo e credibilidade.

> O processo penal feminista define-se como um agir comunicativo que conta, portanto, comum juiz imparcial, independente, equidistante, no qual deve ser garantida, para fins probatórios e decisórios,a oportunidade de fala e de escuta das construções narrativas das experiências vividas pelas mulheres na família, na sociedade e no sistema de justiça criminal tanto enquanto acusadas,tanto como vítimas em contextos de toda e qualquer violência de gênero.[181]

É, sem sombra de dúvidas, de se concluir, portanto, que, quando encerrada uma instrução processual, se a vítima narrar, em juízo, a mesma história apresentada na delegacia, tem-se a condenação do réu, ainda que este negue os fatos imputados, salvo nos crimes sexuais, por diferentes razões. Observa-se, portanto, que a palavra da vítima recebe especial valor, a ponto de se considerar como prova robusta e a fundamentar um édito condenatório, pois especialmente construída diante de uma narrativa

[178] HULSMAN, Louk et al. *Criminología Crítica y control social 1 – El poder punitivo del Estado.* Editorial *Iuris.* Argentina.1993.

[179] SOUZA, Luanna Tomaz, e outra. **É possível compatibilizar abolicionismos e feminismos no enfrentamento às violências cometidas contra as mulheres?** Revista Direitos Culturais | Santo Ângelo | v. 15 | n. 35 | p. 129-157 | jan./abr. 2020.

[180] BOVINO, Alberto. ***Ensayos. Delitos sexuales y feminismo legal: [algunas] mujeres al borde de um ataque de nervos.*** Congresso Universitário de Criminologia. Chile. 1995.

[181] MENDES, Soraia da Rosa. **Processo Penal Feminista.** 1ª edição. São Paulo: Atlas, 2020. Pág.126.

coerente, fundamentada na escuta qualificada, onde se verifica a veracidade ou a falseabilidade da narrativa apresentada.

Por certo, a palavra da vítima, embora relevante, deveria se equiparar aos informantes (pessoas não-compromissadas), aos indícios ou à palavra do acusado, em razão da forte carga emocional e psicológica, que mitigam a credibilidade, por mais correta queira ser a pessoa da ofendida. Ao sofrer o dano pelo ato ilícito, sua versão e seus interesses mostram-se inquinados a promover a sua satisfação pessoal, ainda que despida de justeza e com um leve sopro de vingança, apta a banalizar a própria lei protetiva especial. Ressalta-se que não se está a dizer que a palavra da vítima não mereça certa credibilidade, muito menos querer-se silenciar as vítimas, mas, ao revés, está a dizer que, tanto a vítima, quanto o ofensor, tem interesses na satisfação de suas pretensões, não havendo, por óbvio, a isenção necessária e justa de nenhuma das partes. O que não há de se concordar é que, pelo fato de o processo penal um fruto do machismo, deve-se dar maior credibilidade às vítimas, sob pena de se dar um tratamento vingativo e destituído de justeza. Na dinâmica da carga probatória distribuída entre as partes do processo, o que está em jogo é a ocorrência ou não dos fatos, em si, que não se confundem com as formas como se colhem[182]. Os fatos podem ser distorcidos por todos, dentro do processo. O que deve ser alterado é a forma de sua colheita, para evitar a revitimização e, ao mesmo instante, apresentar a realidade que se passou para a devida verificação.

> Não se trata de distanciar-se completamente do garantismo, mas de submetê-lo ao crivo das vozes silenciadas de quem tem liberdade e dignidade humana em jogo ocupando o espaço reservado à vítima, à ré ou à condenada[183].

Com toda vênia, afirmar que a palavra da mulher recebe especial relevo pelo fato de ter sido silenciada dentro na sociedade machista, não traz a fundamentação necessária e apresenta a efetiva dissociação com o garantismo penal, violando princípios basilares do processo penal e a dignidade de todos os envolvidos na relação processual, mas, por outro lado, acreditando que "é possível dizer justamente que a epistemologia verificacionista reduz as possibilidades de pensar politicamente o processo penal

[182] Idem.
[183] Idem.

sob uma perspectiva feminista"[184]. Diante disso, por não ter o condão de se precisar a existência do ocorrido, como de fato ocorreu, as versões do acusado e da vítima deveriam merecer o mesmo peso, quando da formação da convicção.

> A verdade do homem, ou a verdade da razão, é sempre relativa, dependente do sujeito que a estiver afirmando. A verdade da razão é apenas a representação que o homem tem e faz da realidade que apreende diuturnamente.[185]

Na esfera penal e processual penal, reserva-se para a fase processual judicial, notadamente diante do contraditório, o momento adequado para a formação da culpa do réu, oportunizando-se a ele a amplitude de suas respectivas defesas, estando o juiz impedido de se valer unicamente dos elementos colhidos na fase inquisitorial para fundamentar uma sentença condenatória.[186] Nesse contexto, para o advento de um édito condenatório é imprescindível que os elementos colhidos na fase judicial sejam capazes de conduzir, de forma inconteste, à elucidação da existência e autoria dos crimes apontados pelo órgão acusador, pois, do contrário, a absolvição é o resultado que deveria existir. Assim, "se o juiz não possui provas sólidas para formação do seu convencimento, sem poder indicá-las na fundamentação da sua sentença, o melhor caminho é a absolvição[187]. Dessa feita, no desenvolvimento da ação penal

> Cabe ao acusador o ônus de inverter essa posição inicial, mediante a eliminação de qualquer dúvida a respeito da autoria. À defesa do acusado compete a função de apresentar questionamentos suficientes para demonstrar que o acusador não se desincumbiu adequadamente de seu ônus. Daí se dizer que o ônus da prova é assimétrico nesses casos. No caso do critério de prova "clara e convincente", um dos lados da gangorra está bastante inclinado para

[184] Idem

[185] PACELLI, Eugênio. Curso de Processo Penal. *22ª edição*. São Paulo: Atlas, 2018. p. 416.

[186] Art. 155, CPP – O juiz formará sua convicção pela livre apreciação da prova produzida em contraditório judicial, não podendo fundamentar sua decisão exclusivamente nos elementos informativos colhidos na investigação, ressalvadas as provas cautelares, não repetíveis e antecipadas.

[187] NUCCI, Guilherme de Sousa, Código de Processo Penal Comentado, 11ª Edição, RT. 2011.

baixo, em favor de quem pode sofrer uma sanção restritiva dos direitos fundamentais de liberdade e de propriedade. Cabe ao acusador o ônus de alterar essa posição inicial, mediante a produção de uma prova clara e convincente que corrobore a hipótese acusatória. À defesa do acusado incumbe a função de demonstrar que os meios de prova não são suficientemente robustos e qualificados para tanto. Por isso se pode afirmar que o ônus da prova também é assimétrico nesse caso[188].

Com maior garantia, Aury Lopes Jr. afirma que "apenas a palavra da vítima jamais poderá justificar uma sentença condenatória", eis que, "mais do que ela, vale o resto do contexto probatório, e, senão houver prova robusta para além da palavra da vítima, não poderá o réu ser condenado"[189]. Teoricamente, a fundamentação de uma condenação com base na palavra isolada da vítima não está inserida nas premissas processuais. Quando há apenas as palavras da vítima e a do réu, sendo colidentes, impera-se, por óbvio, a dúvida. Com isso, princípios comezinhos do processo penal impedem a condenação do réu. Nesse pensar, Lopes Jr. ainda afirma que

> o erro está na presunção *a priori* (no sentindo Kantiano, de antes da experiência) da veracidade desses depoimentos. O endeusamento da palavra da vítima é um erro tão grande como seria a sua demonização. Nem tanto ao céu, nem tanto ao inferno. Como bem explica Morais da Rosa, ao tratar do depoimento policial, mas perfeitamente aplicável à palavra da vítima a lógica de "acreditar que todo depoimento policial (ou da vítima, incluo) é verdadeiro como pressuposto, é um erro lógico e simplificador. Mas tem gente que é enganado pelas aparências e gosta. O depoimento deverá ser considerado por sua qualidade, coerência e credibilidade. Em qualquer caso e conforme o contexto probatório. Lógica faz bem à democracia processual". E prossegue explicando que a armadilha lógica do "a priori" dos depoimentos decorre da impossibilidade de atribuir-se como verdadeiro o depoimento antes de ser prestado. O ponto nuclear do problema está exatamente nisso: existe uma predisposição condicionante, uma vontade prévia de acreditar e tomar

[188] ÁVILA, Humberto. Teoria da prova: ***standards*** de prova e os critérios de solidez da inferência probatória.Revista de Processo. vol. 282. Ano 43. p. 113-139. São Paulo: Ed. RT, agosto 2018.

[189] LOPES JR, Aury. Direito Processual Penal. 9ª ed., rev. e atual., São Paulo, Ed. Saraiva, 2012.

> como verdadeiro. Parte-se, não raras vezes inconscientemente, da premissa (reducionista e possivelmente falsa) de que a vítima está falando a verdade e não teria porque mentir. Por consequência dessa predisposição, tomamos como verdadeiro tudo o que é dito. E esse tem sido um foco de inúmeras e graves injustiças. Condenações baseadas em depoimentos mentirosos, ou fruto de falsa memória, falso reconhecimento e até erros de boa-fé. É preciso, também nesses delitos, fazer uma recusa aos dois extremos valorativos: não endeusar, mas também não demonizar. É preciso cautela e disposição para duvidar do que está sendo dito, para fomentar o desejo de investigar para além do que lhe é dado, evitando o atalho sedutor de acreditar na palavra da vítima sem tencionar com o restante do contexto probatório.[190]

Analisando, porém, a jurisprudência, tem-se o lado oposto ao apontado acima, no sentido de ser possível a sobrevinda de uma condenação criminal baseada nas manifestações unilaterais da vítima, sob a afirmação de ser coerente, firme e harmônica, ainda que isolada, a fim de não se tornar conveniente o discurso de falta de prova para uma absolvição e a suposta continuidade do ciclo de violência. Lança-se, assim, sobre os ombros do acusado, o ônus de, além de resistir, efetivamente provar a sua inocência para evitar sua condenação, com a impossível produção de prova diabólica.

Nota-se, portanto, a dificílima análise para os magistrados dos fatos postos a julgamentos, em caso de crimes domésticos e familiares, especificamente, quando presentes somente as versões dos envolvidos e despidas de outros elementos probatórios. Com muita cautela, o operador jurídico deve se debruçar sobre as palavras da vítima e do acusado, buscando conferir o lado de maior credibilidade, para se evitar o ciclo de violência e a impunidade, ao mesmo passo que deve se evitar a condenação de um inocente e a absolvição de um verdadeiro agressor. Dar sempre credibilidade à palavra da vítima, quando o réu nega ou se cala, pode-se retroceder ao tempo da vingança privada, se não tiver outros elementos de provas. Ao mesmo tempo, desacreditar na palavra da mulher significa o silenciamento das vítimas[191].

[190] Idem.

[191] ARZAMENDI, José Luis De La Cuuesta. ***De La política penal hacia uma política victimológica (¿y criminal?): el caso de la violencia doméstica.*** *Estudios de Victimología. Tirant Criminología y Educación Social. Serie mayor. Diputació de Lleida.* Espanha. 2004.

Por isso, o juiz deve ter a coragem necessária para proferir a justa decisão. Ou seja, de um lado ou de outro, deve se evitar ao máximo a própria injustiça, quando se elege o meio punitivo para resolução dessa espécie de conflito social. O que se tem visto é a corriqueira condenação do acusado de violência doméstica com base na palavra da vítima, considerando a sua vulnerabilidade, em sintonia com os discursos meramente punitivistas, ainda que as custas de um devido processo legal. A condenação com base na palavra exclusiva da vítima faz do processo apenas um instrumento de controle informal para uma satisfação social, diante do clamor público existente para a causa.

2.2.3. Quanto às consequências da condenação penal por crimes domésticos: revitimização sistêmica

Como resultado dos dois tópicos anteriores, temos que inexoravelmente a sentença penal será prolatada e se a vítima apresentar uma versão coerente, firme, harmônica, a condenação é a medida que normalmente tem sido realizada. Além da imposição da pena privativa de liberdade, a sentença condenatória estabelecerá um valor mínimo a título de reparação ou compensação civil em decorrência dos danos experimentados. Além desses institutos, da sentença condenatória surgem os efeitos secundários, como a inserção do condenado no rol dos culpados, a suspensão dos direitos políticos, a perda do cargo público, a impossibilidade de tomar posse em cargo público, a impossibilidade de obtenção de licença especial para advogar (OAB), impossibilidade de se ter porte ou posse de arma de fogo para agentes de segurança pública ou privada, ocasionando, esses fatores, a perda ou a extrema dificuldade de obter emprego e com consequente diminuição e perda da chance de melhoria do padrão financeiro.

Em crimes com pena privativa de liberdade não superior a quatro anos e sendo o réu primário, em regra, estabelece-se o regime aberto para o seu cumprimento, nos moldes do parágrafo segundo do artigo 33, do Código Penal[192], mas, em decorrência da inexistência de casa de albergado em muitos locais do Brasil para a execução desse regime, os Tribunais

[192] Art. 33 – A pena de reclusão deve ser cumprida em regime fechado, semi-aberto ou aberto. A de detenção, em regime semi-aberto, ou aberto, salvo necessidade de transferência a regime fechado.

autorizam o recolhimento domiciliar com as condições previstas nos artigos 114 e 115 da Lei 7.210/84 (Lei de execuções penais)[193].

Dentro dos Juizados de Violência Doméstica, apesar de grande número de outros crimes, observa-se que a maior incidência penal cinge-se acerca dos crimes de ameaça, injúria e de lesão corporal, bem como da contravenção de vias de fato. Com o processamento dos feitos, segundo as dinâmicas estabelecidas acima, se a vítima narrar os fatos, de forma coerente, tem-se a condenação do ofensor às penas privativas de liberdade, que, sendo o réu primário, ficam entre 15 dias a 3 meses, a serem cumpridas em regime aberto. Significa dizer que, durante a execução penal, basta o condenado comparecer à Vara de Execução Penal por duas ou três vezes para assinar um documento (justificar as atividades), que restará a extinção da punibilidade. Ou seja, para a efetiva erradicação da violência doméstica (causa do problema), esse modelo representa um nada ou, como queira, um fracasso.

Assim, tendo em vista que a maioria das condenações penais pela prática de crimes domésticos acaba por determinar o cumprimento em prisão domiciliar, sem qualquer incursão nos fatores da violência, os

§ 2º – As penas privativas de liberdade deverão ser executadas em forma progressiva, segundo o mérito do condenado, observados os seguintes critérios e ressalvadas as hipóteses de transferência a regime mais rigoroso:
a) o condenado a pena superior a 8 (oito) anos deverá começar a cumpri-la em regime fechado;
b) o condenado não reincidente, cuja pena seja superior a 4 (quatro) anos e não exceda a 8 (oito), poderá, desde o princípio, cumpri-la em regime semi-aberto;
c) o condenado não reincidente, cuja pena seja igual ou inferior a 4 (quatro) anos, poderá, desde o início, cumpri-la em regime aberto.

[193] Art. 114. Somente poderá ingressar no regime aberto o condenado que:
I – estiver trabalhando ou comprovar a possibilidade de fazê-lo imediatamente;
II – apresentar, pelos seus antecedentes ou pelo resultado dos exames a que foi submetido, fundados indícios de que irá ajustar-se, com autodisciplina e senso de responsabilidade, ao novo regime.
Parágrafo único. Poderão ser dispensadas do trabalho as pessoas referidas no artigo 117 desta Lei.
Art. 115. O Juiz poderá estabelecer condições especiais para a concessão de regime aberto, sem prejuízo das seguintes condições gerais e obrigatórias:
I – permanecer no local que for designado, durante o repouso e nos dias de folga;
II – sair para o trabalho e retornar, nos horários fixados;
III – não se ausentar da cidade onde reside, sem autorização judicial;
IV – comparecer a Juízo, para informar e justificar as suas atividades, quando for determinado.

riscos de reiterações delituosas são bem consideráveis. O recolhimento domiciliar em caso de crimes domésticos não produz nenhum efeito educativo (teoria da prevenção especial positiva), pois, durante a execução, os apenados não recebem nenhuma instrução ou reflexão sobre os seus atos e, principalmente, sobre o seu comportamento (masculinidade tóxica). Não compreende e não percebe que suas atitudes continuam atingindo mulheres em sua volta. Com isso, costumeiramente o apenado aponta a mulher como a responsável por todos os seus problemas, inclusive criminais, eximindo-se de qualquer responsabilidade. Não recebe nenhuma orientação acerca do ciclo da violência.

Pior situação ocorre quando o cumprimento da prisão domiciliar ocorre no mesmo lar que o da vítima. Isso se dá quando o casal mantém o relacionamento após o fato delituoso e na ausência de medidas protetivas. Esse cenário é altamente prejudicial para todos, pois provavelmente haverá reiteração das condutas, em razão do sistema machista e patriarcal, ainda que não denunciadas. O ofensor condenado continua com seus atos violentos e despercebidos por ele, além de haver o incremento do risco em razão da própria condenação.

Quanto à condenação pecuniária estabelecida a título de danos civis, trata-se de um verdadeiro paradoxo. Sabe-se que da condenação criminal surge o dever de indenizar, consoante se estabelece o artigo 91, inciso I, do Código Penal[194], como efeito genérico da condenação. O artigo 387, inciso IV, do Código de Processo Penal[195] determina a fixação de um valor a título de indenização, cuja jurisprudência pátria a denominou de dano penal mínimo, exigindo-se, contudo, o pedido na exordial acusatória e nas alegações finais, a fim de garantir o contraditório.[196] Entretanto, a lei Maria

[194] Art. 91, CP – São efeitos da condenação: I – tornar certa a obrigação de indenizar o dano causado pelo crime;

[195] Art. 387, CPP – O juiz, ao proferir sentença condenatória: IV – fixará valor mínimo para reparação dos danos causados pela infração, considerando os prejuízos sofridos pelo ofendido;

[196] Informativo 621 do STJ. Recursos repetitivos. Processo: REsp 1.643.051-MS, Rel. Min. Rogerio Schietti Cruz, Terceira Seção, por unanimidade, julgado em 28/02/2018, DJe 08/03/2018 (Tema 983). Ramo do direito: direito penal, direito processual penal. Tema: Violência doméstica e familiar contra a mulher. Danos morais. Indenização mínima. Art. 397, IV, do CPP. Pedido necessário. Produção de prova específica dispensável. Dano *in re ipsa*. DESTAQUE: Nos casos de violência contra a mulher praticados no âmbito doméstico e familiar, é possível a fixação de valor mínimo indenizatório a título de dano moral, desde que

da Penha veda a imposição da pena pecuniária justamente por visualizar o seu caráter transcendental, com observância ao artigo 5º, inciso XLV, da Constituição Federal, porquanto nenhuma pena deve passar da pessoa do condenado. Esse preceito constitucional é facilmente violado quando, p.ex., a vítima coabita com o ofensor. Nesse caso, o pagamento de pena pecuniária importa na dilapidação do patrimônio da própria vítima para o pagamento da pena. No mesmo sentido, tem-se com a condenação pecuniária cível. O valor arbitrado, se cobrado, será pago com patrimônio do ofensor, que, em muitos casos, está vinculado ao da vítima, pois o patrimônio é comum. Dessa forma, transcende igualmente e, por isso, muitas condenações cíveis, determinadas por meio de sentença penal condenatória pelo Juizado Criminal Especial de Violência Doméstica, não são executadas. A própria vítima não tem interesse nessa cobrança. Raras são as que, de fato, cobram os valores dados em sentenças penais.

Por outro lado, é de se observar que, com a condenação criminal, o apenado pode perder o emprego e se tornar insolvente ou, se mantiver a renda e a solvência, poderá retirar o valor de um monte que seria cabível à vítima ou aos seus dependentes, tornando, assim, ineficaz a condenação civil.

Devastadora consequência da condenação criminal para a vítima de violência doméstica é a inserção do nome do condenado no rol dos culpados, especialmente quando dele é dependente. A partir do momento da distribuição de uma ação penal, o nome do réu passa a constar nas certidões cartorárias de "nada de consta", causando sérios prejuízos na esfera laboral. Pior é a anotação da condenação criminal na folha corrida, pois retira do apenado a possibilidade de obter emprego ou cargo público. Diversas empresas não admitem o empregado ou pretenso empregado respondendo a processo criminal, muito menos pessoas condenadas. Pior ainda se for o caso de violência doméstica, em razão da execração pública. Por isso, não contratam ou despedem os já contratados.

Caso o condenado pretenda tomar posse em cargo público, muitos entes da Federação não dão posse, em razão da inidoneidade do sentenciado. Se for servidor público, pode perder o cargo público por meio de procedimento administrativo disciplinar ou na hipótese do artigo 92,

haja pedido expresso da acusação ou da parte ofendida, ainda que não especificada a quantia, e independentemente de instrução probatória.

inciso I, alínea "b", do Código Penal[197]. Se exercer emprego que exija o porte de arma, como vigilantes, estarão inaptos para o exercício da atividade, em razão da restrição ao porte, consoante determina a Polícia Federal[198]. Nessa mesma linha de raciocínio, restou-se consignada a proibição de obtenção da carteira da OAB para os bacharéis em Direito, com o seguinte teor:

> INIDONEIDADE MORAL. VIOLÊNCIA CONTRA A MULHER. ANÁLISE DO CONSELHO SECCIONAL DA OAB. Requisitos para a inscrição nos quadros da Ordem dos Advogados do Brasil. Inidoneidade moral. A prática de violência contra a mulher, assim definida na "Convenção Interamericana para Prevenir, Punir e Erradicar a Violência contra a Mulher – 'Convenção de Belém do Pará' (1994)", constitui fator apto a demonstrar a ausência de idoneidade moral para a inscrição de bacharel em Direito nos quadros da OAB, independente da instância criminal, assegurado ao Conselho Seccional a análise de cada caso concreto.[199]

Portanto, a condenação criminal por qualquer fato delituoso ou contravencional ocasiona a perda da atividade laboral e da renda, sendo que o cumprimento da pena, em muitos casos, ocorre no regime aberto. De fato, após a prática de violência doméstica, em grande número, o vínculo familiar não é dissolvido e, em razão das culturas estabelecidas, a mulher permanece vinculada e dependente financeiramente do condenado, quando este é o mantenedor do lar. Com a diminuição da renda do condenado, diminui-se a renda da vítima. Ainda que haja a ruptura do relacionamento entre a vítima e o ofensor, com a efetiva condenação criminal, também se tem a vítima desamparada pelo Estado e pelo próprio agressor, que, por não compreender a gravidade de seus atos, abandona a vítima e seus dependentes a sua própria sorte, deixando de lhe garantir o mínimo existencial, quando dele dependia. Com a diminuição da renda, justifica a diminuição do valor pago a título de pensão alimentícia, inclusive.

[197] Art. 92 – São também efeitos da condenação:
I – a perda de cargo, função pública ou mandato eletivo: b) quando for aplicada pena privativa de liberdade por tempo superior a 4 (quatro) anos nos demais casos.

[198] Art. 7º, da Instrução Normativa Nº 174-DG/PF, de 20 de agosto de 2020.

[199] Súmula n.º 09/2019 do Conselho Pleno do CFOAB.

De qualquer modo, com o processo criminal ou com a condenação criminal, a vítima de violência doméstica ou familiar é atingida com a perda da atividade laboral do agressor.

Portanto, verifica-se que vários efeitos da condenação não só atingem o condenado, mas também outros em sua volta, especialmente a própria vítima, constituindo a revitimização sistêmica. A condenação criminal, sem dúvida, promove revitimização a própria mulher ofendida, ao adotar políticas exclusivamente punitivistas como centro gravitador de resolução de violências sociais e familiares, agravando, em muitos casos, a situação da própria vítima[200]. Ciente desses efeitos, muitas mulheres não denunciam os crimes ou, após denunciarem os atos de violência às autoridades, tentam se retratar[201]. Por isso, muitos operadores desse ramo do Direito, em salas de audiências e quando possível, induzem a vítima a "dar mais uma chance ao agressor", quando logo da primeira ocorrência registrada, dando por resolvido o processo.

Para agravar, a vítima também não encontra o devido amparo pela rede de proteção estatal. Com o colapso do sistema de justiça para enfrentar os casos de violências domésticas e familiar contra a mulher diante de inúmeros casos, agravada com a pandemia do Sars-Covid-19, o processamento dos feitos até o fim dura muito tempo, com grande incidência de prescrições, de modo a obrigar muitas vítimas a reatar o relacionamento tóxico e violento, como garantia do mínimo existencial à prole. Sem a devida implantação dos setores de atendimentos à vítima, chega-se a comentar um futuro fracasso da lei de proteção à mulher[202], quando não apresentam políticas criminais de ressignificação do ofensor, perpetuando-se o ciclo da violência e, dessa feita, a necessidade de alteração dos instrumentos de contenção e enfretamento da violência de gênero.

Aponta-se, portanto, que a utilização do sistema judicial repressor, exclusivamente punitivista, mostra improfícua, não conferindo nenhuma forma de combate ou prevenção da violência doméstica e familiar contra

[200] GÖSSEL, Annemarie. ***El alejamiento del domicilio familiar Del agresor em El derecho alemán. La violencia doméstica y los atuales intentos legislativos para sucontención***. Revista Del Derecho Privado, Nueva Época. Año 1. *España*. 2002.

[201] PIJOAN, Elena Larrauri. ***¿Por quere tiran lãs mujeres maltratadas lãs denuncias?*** Publicado *en* UNED. Revista De Derecho Penal y Criminología. 2ª época, n. 12. *España* 2003.

[202] SANAHUJA, María. "***Las protecciones a mujeres están paralizando a La policía***". *España*. EL PAÍS, domingo 3 de septiembre de 2006, pág. 34.

a mulher, especialmente em crimes de pequeno ou médio potencial ofensivo, que representam a maior incidência criminal. A revitimização sistêmica gerada pela forma adotada para prevenir e punir o agressor, nos moldes do Direito Penal e Processual Penal, não atinge o ciclo de violência nem ampara a vítima. Necessário um procedimento judicial útil e adequado para atender as especificidades da violência de gênero.

Apesar do grande avanço legal, ainda há sérias dificuldades de se compor a problemática com os mecanismos dispostos, uma vez que o Direito Penal e o Processual Penal, como prevenção ou repressão, não se mostram satisfatórios. Ao mesmo tempo, no Direito Comparado discute-se o fracasso de leis de proteção à mulher, similar a do Brasil, pois exploram a erradicação desta violência contra a mulher por meio clássico de punição[203]. Ao analisar empiricamente os crimes de lesão corporal e o de ameaça, tem-se a maior complexidade jurídica, principalmente por conduzir inexoravelmente o ofensor à condenação, sem levar em conta a consequente revitimização da pessoa ofendida. O homem ofensor, quando denunciado, processado e condenado por esses crimes, perde o emprego, a condição financeira, não se reabilita, cumpre a pena em regime aberto, se primário, e a sociedade o renega. Esta situação ricocheteia em muitas vítimas diretas e, por conseguinte, amarguram com a queda financeira do ofensor mantenedor. Dessarte, a ofendida se torna vítima do próprio sistema atual de resolução do conflito (revitimização sistêmica).

Pode-se pensar ainda na hipótese de um tratamento mais especializado ao suspender a execução da pena, nos moldes do artigo 77, do Código Penal[204]. Com a aplicação do *sursis* penal, a execução da pena fica suspensa entre dois a quatro anos, para que o beneficiário cumpra as obrigações do benefício, podendo, inclusive, incluí-lo em programas de reeducação, pelo prazo de um ano, por meio da limitação de fim de semana, consoante se extrai dos artigos 78, §1º, do Código Penal[205] e do artigo 152, da Lei de

[203] SANAHUJA, Maria. ***Fracaso de La Ley de violencia de gênero***. *Forum Libertas*. Temas e Noticias. *Sociedad*, 29/12/2008.

[204] Requisitos da suspensão da pena – Art. 77, CP – A execução da pena privativa de liberdade, não superior a 2 (dois) anos, poderá ser suspensa, por 2 (dois) a 4 (quatro) anos, desde que: *Omissis*.

[205] Art. 78, § 1º, CP – No primeiro ano do prazo, deverá o condenado prestar serviços à comunidade (art. 46) ou submeter-se à limitação de fim de semana (art. 48).

Execuções Penais[206]. Assim, a pena privativa de liberdade de um mês, em crime de ameaça, ou de três meses, em crime de lesão corporal, é suspensa para o cumprimento de medidas mais rigorosas pelo prazo mínimo de dois anos. Por consequência, os beneficiários recusam o *sursis* penal, no âmbito da execução, para dar início ao cumprimento da pena privativa de liberdade estabelecida, por ser a medida mais branda e expedita, visando retirar, o mais rápido possível, a mácula de seu nome. Nesse contexto, depreende-se que, no âmbito da execução penal, nenhuma medida mostra-se eficaz para a erradicação da violência doméstica.

Mas isso já vem sendo observado por diversos operadores desse direito, de modo a apontar uma provável solução, consoante se verá logo a seguir.

[206] Art. 152. Poderão ser ministrados ao condenado, durante o tempo de permanência, cursos e palestras, ou atribuídas atividades educativas. Parágrafo único. Nos casos de violência doméstica contra a mulher, o juiz poderá determinar o comparecimento obrigatório do agressor a programas de recuperação e reeducação. (Incluído pela Lei nº 11.340, de 2006).

3.
PROPOSTAS DE INSTRUMENTOS EFICAZES PARA ENFRENTAMENTO DA VIOLÊNCIA DOMÉSTICA E FAMILIAR CONTRA A MULHER

A partir da falência dos instrumentos penais e dos institutos do processo penal para a erradicação e a punição dos crimes domésticos e familiares, necessária a busca de novas formas de enfretamento visando conferir melhores resultados na contenção do ciclo da violência. Novos mecanismos são importantes para uma efetiva erradicação dos fatores de riscos, voltados prioritariamente às causas, e não somente às consequências.

O ideal para essa eliminação é trabalhar com as políticas educacionais fora do ambiente criminal, intensificando as campanhas ou por meio de inserção nos currículos escolares desde o ensino fundamental, visando uma ruptura cultural. Entretanto, essa viragem comportamental não ocorre da noite para o dia. Até o momento, as diversas gerações que convivem socialmente recebem alta carga de componentes patriarcais, machistas e sexistas, de modo a tornar mais difícil a aceitação e a mudança social, favorecendo o alto número de ocorrências policiais. Por isso, a prevenção da violência, por medidas educacionais primárias, seja na escola ou na família, deve ser promovida pelas campanhas de divulgação cultural. Não basta afirmar que a violência contra a mulher é uma violação aos direitos humanos, deve-se haver uma alteração de comportamento em diversas esferas para garantir a verdadeira equidade de gêneros. Por isso, mostra-se importante as discussões sobre as relações de gênero em todos os espaços, públicos e privados, e em todos os segmentos sociais, por meio de intervenção política e comunitária, visando à alteração do comportamento social tóxico, desigual e sexista, bem como a construção de um equilíbrio das relações e sem antagonismos.[207]

Entretanto, o objeto desse trabalho é apresentar alternativa à prevenção e ao combate por meio de políticas criminais utilizadas pelo sistema judicial, voltadas ao enfrentamento da violência doméstica após a ocorrência do fato delituoso, momento em que o Estado se insurge no seio familiar para promover atendimentos especializados para a vítima e para o ofensor, conferindo-lhes apoio necessário para sair do ciclo de violência. Como visto, até o presente momento, a vítima e o ofensor são vistos pelos atores da Justiça como objeto do processo, visando à produção de prova necessária para fundamentar a prolação da sentença penal. Apesar do grande avanço legal, ainda se faz necessária a implementação de um apoio efetivo direcionado aos envolvidos. Assim, diante da falência do direito penal nos casos de violência doméstica, necessário apresentar um atendimento especializado e diferenciado para voltar-se contra as culturas estruturadas, visando atingir a causa do problema.

Acredita-se que o encaminhamento dos envolvidos à rede apoio e aos grupos reflexivos, com temáticas especializadas de enfretamento à criminalidade de gênero, traz uma grande contribuição para a ideia de erradicação da violência doméstica, pois os programas atuam diretamente nas causas dessas agressões[208]. Importante dizer que a utilização do Direito, concebido dentro de uma estrutura sexista e preconceituosa, faz com que teorias feministas busquem inovações para o enfrentamento da violência contra mulher,[209] voltando-se inclusive ao recrudescimento da lei penal.

[207] MARTÍN, María Ángeles Rueda. ***Los programas y/o tratamientos de los agresores em supuestos de violencia de gênero ¿Una alternativa eficaz a la pena de prisión?*** Editorial Dykinson. Madrid, 2007.

[208] BLAY, Eva Alterman. **Feminismos e masculinidades: novos caminhos para enfrentar a violência contra a mulher.** 1ª Edição. São Paulo: Cultura Acadêmica, 2014.

[209] RUBIO, Arantza Campos. ***Aportaciones iusfeministas a La revisión crítica Del Derecho y a La experiencia jurídica. Mujeres y Derecho: Pasado y presente*** I. *[Congreso multidisciplinar de*

Pode-se imaginar que esse atendimento está inserido dentro de uma política de Justiça Restaurativa[210], diante da abrangência do que realmente é a Justiça Restaurativa e do fim esperado do programa realizado pelo grupo reflexivo, que visa a ressignificação e reabilitação das pessoas participantes do programa. No entanto, a forma como os envolvidos (agressor e vítima) são encaminhados, como participam e como são abordados, traz suas particularidades que apresentam distinções. A sistemática adotada pela Justiça Restaurativa, de forma mais restrita, visa apresentar métodos que possam fazer com que a vítima supere o trauma obtido pelo crime, dando-se destaque para a reparação do dano causado.

> Segundo a definição adotada pelo TJDFT, a Justiça Restaurativa é um método que busca, quando possível e apropriado, realizar o encontro entre vítima e ofensor, assim como eventuais terceiros envolvidos no crime ou no resultado dele, com o objetivo de fazer com que a vítima possa superar o trauma que sofreu e responsabilizar o ofensor pelo crime que praticou.[211]

A forma como o Judiciário tem se valido para a inserção da vítima e do agressor nos programas psicoedutivos não se comunica com os métodos de mediação da Justiça Restaurativa, afinal, o encaminhamento dos envolvidos ao programa não produz uma de mediação entre vítima e ofensor, nem da busca de reparação de danos havidos, em que pese isso ser possível. Embora a expressão "Justiça Restaurativa" seja ampla, a ponto de se poder compreender que os grupos reflexivos integrariam a Justiça Restaurativa, o que se propõe é a não vinculação a esse termo, para não cair em temas acerca das conciliações e mediações no âmbito da violência doméstica ou de se voltar às divergências acerca da possibilidade ou não da vítima direcionar os atos processuais.

La Sección de Bizkaia de La Facultad de Derecho. III. Panel. Las mujeres: ¿titulares de derechos? Em El derecho Público]. Adela Asua Batarrita. Moderadora. Octubre de 2008.

210 BRASIL Deilton Ribeiro. A justiça restaurativa como alternativa no tratamento de conflitos na administração da justiça penal. Revista Jurídica e-ISSN: 2316-753X. v. 3, n. 40. 2015.

211 Justiça Restaurativa: entenda conceitos e objetivos. Texto disponível em: https://www.tjdft.jus.br/institucional/imprensa/noticias/2019/maio/justica-restaurativa-entenda-os-conceitos-e-objetivos. TJDFT. Acesso em 28 abr 2021.

Apesar de conciliável com a Justiça Restaurativa, o que se propõe para erradicar a violência contra mulher é o atendimento psicoeducativo para a eliminação de riscos futuros, utilizando-se do processo penal de conhecimento ou de execução para a incursão no comportamento das pessoas, por meio de grupos reflexivos e redes de apoio, com a finalidade de alterar as masculinidades tóxicas e promover o bem-estar social. Por isso, requer essa distinção da Justiça Restaurativa para dar um atendimento específico aos participantes, pois, como se verá, o encaminhamento dos envolvidos não ocorre para uma mediação. Ademais, exigirá efetiva participação especial do ofensor e da vítima, cada um em um programa específico que observe as individualidades de cada pessoa. Logo, as mulheres devem receber uma rede de apoio e os homens outra rede, podendo haver eventuais intercomunicações. Contudo, diferenciam-se pelo fato de não haver a exigência de participação comum da vítima e do ofensor, com mediadores, em um mesmo programa, nem busca diretamente a reparação do dano causado pelo crime, mas sim a mudança de postura e cultura. O programa psicoeducativo, por meio de grupo reflexivo, tem um atendimento específico para o ofensor, em suas peculiaridades e, outro, para a vítima. Para esta, a participação é facultativa; para o ofensor, obrigatório. Por isso, os trabalhos desenvolvidos pelos grupos reflexivos não se confundem com a Justiça Restaurativa, embora possam utilizar de seus métodos, a depender de cada profissional e necessidade do desenvolvimento de suas técnicas. Por óbvio, um programa bem sucedido facilita a Justiça Restaurativa na medida em que ambas têm em comum o trabalho de reabilitação da pessoa.

Ocorre que esse trabalho já vem sendo realizado por diversos Juizados de Violência Doméstica, causando perplexidade do sistema de Justiça, em razão da vedação jurisprudencial dos Tribunais Superiores. Embora muitos juízos tenham se valido de acordos homologados para o encaminhamento dos envolvidos em crimes domésticos, outros não têm utilizado desses instrumentos, ao argumento da vedação jurisprudencial, tramitando o processo pelo rito comum. Com isso, temos séria insegurança jurídica diante da disparidade de entendimentos, ao se dar tratamentos distintos no âmbito judicial.Por isso, necessária a incrementação legal no ordenamento jurídico para uniformizar o atendimento em todo o país, pois, em algumas cidades, há experiências e projetos adotados que são muito eficientes para os cuidados dos direitos humanos e desconstrução da cultura, como os grupos reflexivos e psicoeducativos, como por exemplo o Grupo Noos[212], que atua desde o final da década de 1990, a Rede de Homens pela Equidade de Gênero (RHEG)[213], a Campanha Brasileira do Laço Branco[214], a *MenEngage Alliance*[215] e o Grupo RenovAção, da Defensoria Pública do Distrito Federal.

Para homens, o grupo reflexivo psicoeducativo se mostra de grande relevância para a ressignificação e mudança de comportamento, cujos resultados obtidos demonstram a efetividade da medida e a eliminação dos fatores de risco, promovendo a cultura da paz, a erradicação da fereza da comunicação violenta e a equidade de gênero. Por isso, é extremamente necessária a participação efetiva dos homens para o enfretamento dos fatores de risco.

> Necessário porque a inclusão dos homens autores de violência (ou mesmo dos que não tenham cometido atos de violência contra suas parceiras ou outras mulheres) precisa ser considerada parte importante da solução dessa problemática. Se eles são parte do problema, precisam ser considerados parte da solução, este é um dos meus "mantras".[216]

Para mulheres, os grupos reflexivos e a rede de apoio são primordiais para a proteção, por meio de medidas que promovem verdadeira autonomia feminina. Para a melhor compreensão, a seguir, têm-se as propostas para um tratamento diferenciado, bem como as maneiras judiciais para a inserção dos envolvidos em violência doméstica em programas voltados ao combate à violência doméstica.

212 BEIRAS, Adriano. Metodologia de grupos reflexivos de gênero / Adriano Beiras, Alan Bronz. – Rio de Janeiro: Instituto Noos, 2016.

213 "Congrega um conjunto de organizações da sociedade civil que atuam na promoção dos direitos humanos, em busca de uma sociedade mais justa com equidade de direitos entre homens e mulheres".

214 "A Campanha Brasileira do Laço Branco tem como objetivo sensibilizar, envolver e mobilizar os homens no engajamento pelo fim da violência contra a mulher".

215 *"We envision a world where all people are equal and free from discrimination – a world in which gender justice and human rights are promoted and protected".*

216 NASCIMENTO, Marcos. Pesquisador da Fiocruz/Instituto Fernandes Figueira. Beiras, Adriano. Metodologia de grupos reflexivos de gênero / Adriano Beiras, Alan Bronz. – Rio de Janeiro: Instituto Noos, 2016.

3.1. Ressignificação dos envolvidos por meio de grupos reflexivos

Não é fácil encontrar um modelo ideal para resolver ou conter as violências domésticas e familiares devido à complexidade dos fatos que se apresentam no cotidiano. Sem a ambição de esgotar os meios possíveis de enfrentamento, mas sob o pálio da efetividade empiricamente observada, pretende-se apresentar e afirmar que os mecanismos assistenciais dão maiores apoios e apresentam melhores resultados para a prevenção e erradicação das agressões e do ciclo de violência contra as pessoas vulneráveis, por meio de medidas adequadamente aplicadas na causa geradora do evento ilícito. Por isso, em muitos casos de violência doméstica, a intervenção por grupos reflexivos e psicoeducativos se mostra viável, principalmente após o primeiro episódio violento de conhecimento do Estado.

Ao se deparar com casos de violência doméstica, as circunstâncias fáticas recomendam a intervenção assistencial para a ressignificação dos envolvidos em situação de violência doméstica e familiar contra a mulher, com instrumentos de reeducação profícuos para impedir a reiteração de condutas desviantes e, ao mesmo tempo, disseminar o aprendizado no seio social, deixando o direito penal como *ultima ratio*. Por óbvio, não se pretende destituir o Direito Penal, que, por muitas vezes, faz-se importante para a ingerência em casos de violências gravíssimas ou em caso de reiteração de comportamentos agressivos.[217]

É certo que a violência familiar ou doméstica se distancia das demais espécies de violências criminais existentes. Nela, nada é insignificante, notadamente pela reprovabilidade social, periculosidade da conduta e a potencialidade da agravação. Igualmente, os crimes domésticos e familiares contra a mulher não são de "menor potencial ofensivo", em razão das consequências, da gravidade e da eventual reiteração do comportamento delituoso, apesar da classificação doutrinária penal considerar o delito de menor potencial ofensivo aquele cuja pena máxima não ultrapassa dois anos e, o de médio potencial ofensivo, aquele cuja pena mínima não ultrapassa um ano.

[217] ANDRADE, Vera Regina Pereira de. Sexo e gênero: a mulher e o feminino na criminologia e no sistema de justiça criminal. Texto originariamente apresentado no painel "O Sistema de Justiça criminal no tratamento da violência contra a mulher", no 9º Seminário Internacional do IBCCrim e publicado na Revista alusiva ao Seminário (REVISTA BRASILEIRA DE CIÊNCIAS CRIMINAIS, n. 48, p. 260-90, maio/jun. 2004)].

> A violência doméstica contra a mulher envolve atos repetitivos e contínuos, e tendem a se agravar, tanto na frequência como na intensidade, instalando o medo e desencadeando possíveis danos físicos e ou psicológicos importantes na mulher.[218]

Assim, apesar dessa classificação doutrinária, registra-se que qualquer violência contra a mulher não é de pequena gravidade. Há uma seriedade no comportamento humano que se perpetua, transformando os eventuais "pequenos atos" em gravíssimos atos e comportamentos que se transforma em processo criminal habitual e vertiginoso, com grande facilidade de se haver a escalada criminal, diversamente da criminalidade que ocorre na rua. Por exemplo, um homem que pratica lesão corporal leve ou vias de fato contra um desconhecido na rua, em regra, não reiterará o episódio, que tende a não mais ocorrer notadamente pelo distanciamento dos envolvidos. No caso da violência doméstica, por outro lado, não há essa protrusão, pois, em regra, os envolvidos estão vinculados entre si, de modo a incrementar o risco da escalada criminal. Por isso, a violência de gênero não é de pequeno potencial ofensivo, pois há múltiplos fatores a serem observados e combatidos.

> A violência e o abuso cometidos contra as mulheres em geral; a violência contra a mulher perpetrada por parceiros ou ex-parceiros íntimos; o abuso e a exploração sexual de crianças; a gravidez precoce; a iniquidade das remunerações de homens e mulheres no mercado de trabalho; a intolerância para as matizes de expressão sexual dentro das famílias com a conseqüente fuga de casa e o suicídio de jovens homossexuais; a divisão desigual do trabalho doméstico e do cuidado com os filhos; e homens jovens que matam e morrem em países em guerra são problemas que, apesar de muito diversos, e considerando a condição complexa ou multifatorial de cada um, passam pela rigidez de nossas expectativas enquanto sociedade, assim como pelo comportamento de homens e mulheres, rapazes e moças, meninos e meninas. Também pela hierarquização de características e diferenças, que colocam umas como mais

[218] SOARES, B. M. **Enfrentando a Violência contra a Mulher**: orientações práticas para Profissionais e Voluntários (as). Brasília: Secretaria Especial de Políticas para as Mulheres, 2005. Recuperado de: http://bvsms.saude.gov.br/bvs/publicacoes/enfrentando_violencia.pdf Acesso em: 13 de novembro de 2020.

> desejáveis ou valorizadas que outras, trazendo a ideia de subalternidade e submissão de uns em relação a outros. Estamos todos imersos nesse mesmo caldo cultural machista, patriarcal, androcêntrico e heteronormativo e é necessário um exercício cotidiano de autovigilância para manter-nos reflexivos, uma tentativa de abrir distância suficiente para que a crítica consiga perpassar, possibilitando o surgimento de posturas mais desejáveis, que tragam consequências positivas para a qualidade do convívio.[219]

Diante dessas diversas desigualdades de gênero, qualquer crime torna-se grave e que deve ser seriamente enfrentado. Contudo, para sugerir a inclusão de novos mecanismos de enfretamento, manter-se-á a nomenclatura doutrinária da classificação dos delitos, segundo os limites da pena privativa de liberdade, utilizando-se as terminologias de menor, médio ou elevado potencial ofensivo apenas para contextualizar as medidas a seguir propostas, mas sem esquecer que, na violência contra mulher, nada é pequeno.

Como visto, o modelo tradicional de contenção, por meio do processo punitivo, não tem dado solução suficiente, especialmente em crimes de menor ou médio potenciais ofensivos praticados pela primeira vez pelo agressor ou quando, pela primeira vez, chega ao judiciário[220]. Esses crimes não são bagatelares e, por isso, merecem resposta estatal correta e mais adequada. O autor do fato criminoso praticado contra a sua própria família, além de vitimizar os entes vulneráveis próximos de si (vítimas diretas), cai concomitantemente em sua autofagia humana, em razão de seus próprios atos, comportamentos e pensamentos, tornando-se, ao mesmo tempo, um perigo e vítima de si mesmo. Além da família, o agressor sofre com as consequências de seus atos ilícitos, no aspecto moral e material. Isso ocorre, pois as pessoas ligadas à violência, em geral, possuem entre si vínculos eternos, em especial, quando há prole em comum. Como visto no capítulo anterior, a mera punição do agente primário não traz nenhuma reflexão dos seus próprios atos, de modo que uma intervenção assistencial

[219] BEIRAS, Adriano. **Metodologia de grupos reflexivos de gênero** / Adriano Beiras, Alan Bronz. – Rio de Janeiro: Instituto Noos, 2016.

[220] BARDON. Carolina Bolea. ***Em los limites Del derecho penal frente a La violencia doméstica y de género.*** Revista Electrónica de Ciencia Penal y Criminología. Disponivel em <http://criminet.ugr.es/recpc/09/recpc09-02.pdf> acesso em 12 jan. 2021.

estatal, por meio de grupos reflexivos sobre violência doméstica, oferece aos envolvidos a devida compreensão e melhor resultado para o enfretamento da violência, quando devidamente implementada[221].

À exceção dos crimes de alto potencial ofensivo ou da reiteração de condutas criminosas, que ainda devem lidar com o influxo do direito punitivo, trabalhar na resolução dos crimes de pequeno ou médio potenciais ofensivos ocorridos no interior dos lares com o direito penal *in prima facie* é incidir no erro de se manter e perpetuar o ciclo da violência, em razão da manutenção dos fatores de risco. Acredita-se que a resolução desses fatos se dá com a desconstrução do patriarcado e do machismo, como regra, além de intervenção médica para tratamento de alcoolismo e drogadição dos envolvidos, já que se visualizam esses fatores como os de risco para essa específica criminalidade. Para as mulheres, vítimas de violência, a sua participação em atendimentos multidisciplinares, com o fim de lhes conferir autonomias e novo significado de sua posição social, é, sem dúvida, primordial, como veremos a seguir. Por isso, trata-se de implementação desafiadora no âmbito dos Juizados de Violência Doméstica, sem que se justifique pela falta de aparelho estatal ou pelo famigerado discurso da "reserva do possível".

É cediço que, logo após o registro dos atos de agressão, muitas famílias se reconciliam, em razão da dependência financeira, social ou cultural, bem como pela existência de prole comum, pois, após receber as medidas protetivas do Estado, a vítima fica ao relento[222]. Desamparada, busca auxílio com o mantenedor do lar, ou seja, com aquele que lhe agride, mas com intuito de ver seus filhos e a si própria bem "alimentada" ou "amparada".

Como visto, utilizar-se de condenação penal, logo na primeira incidência criminal de conhecimento do Estado, para réu primário, em crime, por exemplo, de ameaça, para prevenir e reprovar o ato, bem como para por fim ao relacionamento agressivo, não se mostra eficiente por uma série de reflexos negativos para a própria vítima (revitimização sistêmica). Isso está ocorrendo dentro dos Tribunais Brasileiros, uma vez que as medidas despenalizadoras não estão autorizadas a partir dos entendimentos dos Tribunais Superiores, especificamente com a proibição do *sursis* processual

[221] BLAY, Eva Alterman. **Feminismos e masculinidades: novos caminhos para enfrentar a violência contra a mulher.** 1ª Edição. São Paulo: Cultura Acadêmica, 2014.

[222] Idem.

e da transação penal. Como regra, condenação ao cárcere não haverá, mas somente o recolhimento domiciliar, além da consequente perda do trabalho lícito, em face da existência dos efeitos da condenação criminal. Dessa forma, como corolário intrínseco desses efeitos, o sentenciado também precisará de amparo para sua sobrevivência digna, além de continuar estar obrigado a manter sua família, ainda que distante dela.

Inúmeros são os percalços para a mudança social no âmbito do enfretamento da violência de gênero, dada a naturalização da iniquidade, da cultura e do comportamento, necessitando da desconstrução dos estereótipos, pois se acredita que a solução viável para o conflito familiar é o encaminhamento do caso para os grupos reflexivos e assistenciais[223]. Nestes, ocorrerá a investigação estatal, social, cultural, educacional, econômica, sanitária, jurídica dos envolvidos e o Estado oferecerá uma efetiva reabilitação à família vitimizada, além de uma satisfatória resolução do conflito doméstico e familiar contra a mulher. É óbvio que essa medida obriga o Estado a se aparelhar, pois quanto melhor for o serviço, maior será a erradicação da causa. Além do Estado, a família deve participar dos encontros promovidos pela equipe multidisciplinar.

A equipe deve ser composta por profissionais de várias áreas de conhecimento, necessários para atingir os fatores que impulsionam a violência. Sem prejuízo de outras áreas, destacam-se os profissionais da psicologia, da medicina, da assistência social e da área jurídica, compondo uma relação interseccional e coordenada.

Um programa completo deve abarcar todos os envolvidos na violência, por meio de dinâmicas próprias para o enfretamento dos fatores de risco, pois, além de desenraizar o machismo e patriarcalismo, necessário a emancipação da mulher. Para isso, há de se promover a comunicação interpessoal, visando à melhoria da qualidade de vida dos envolvidos, por meio de processo educacional e de ressignificação adequada a cada situação. Esse processo de reflexão e assistência aos envolvidos, seja vítima ou agressor, tem dinâmicas para atendimento especializado em cada demanda. Mobiliza toda a família, pois não se pode pensar apenas no enfoque exclusivo a ser direcionado ao autor da violência. Os profissionais devem buscar todas as informações necessárias acerca do núcleo

[223] BLAY, Eva Alterman. **Feminismos e masculinidades: novos caminhos para enfrentar a violência contra a mulher.** 1ª Edição. São Paulo: Cultura Acadêmica, 2014.

familiar para promover uma boa intervenção. Quanto ao atendimento de grupo reflexivo direcionado aos homens, o Instituto Noos[224], por exemplo, trabalha com as seguintes diretrizes:

> 1) O modelo psicopatológico: onde homens que sistematicamente agridem suas parceiras íntimas são vistos como portadores de algum tipo de patologia causada por fatores históricos individuais e que configuram uma dinâmica de funcionamento interno que gera sua "personalidade abusadora".
>
> 2) O enfoque psicoeducativo pró-feminista: onde o comportamento violento do homem é entendido a partir da leitura feminista sobre gênero (violência masculina com manifestação de poder e estratégia de controle disseminado como um padrão cultural), utilizando a pedagogia de Paulo Freire em sua sistemática de trabalho.
>
> 3) O enfoque cognitivo-comportamental: semelhante ao modelo psicológico na medida em que considera a violência exercida por homens contra mulheres como algo inerente aos indivíduos e a entende como um recurso para reduzir tensões e frustrações, sendo fruto de uma forma equivocada de "pensar".
>
> 4) O enfoque construtivista-narrativista com perspectiva de gênero: no qual a violência entre homens e mulheres é vista como resultado de um contexto cultural que estabelece relações violentas e conta com a participação ativa dos indivíduos em sua constituição. Nesse sentido, a esfera social está em permanente interação com a subjetividade individual, que se influenciam mutuamente. Todo o trabalho é realizado no sentido de se explicitar este processo e fornecer aos indivíduos maior autonomia na forma de se relacionar com os demais. É um enfoque inclusivo, que comporta abordagens como as psicológicas, educativas e vinculadas às teorias de gênero.[225]

Os grupos reflexivos trabalham com responsabilidade social, focado nos direitos humanos, visando reduzir ou erradicar a desigualdade de gênero e a violência familiar e doméstica, por meio de ações desconstrutivas do patriarcado e do machismo, com o fim de extinguir as relações

[224] ACOSTA, Fernando. et al. **Conversas homem a homem**: grupo reflexivo de gênero: metodologia. – Rio de Janeiro: Instituto Noos, 2004.

[225] BEIRAS, Adriano. **Metodologia de grupos reflexivos de gênero** / Adriano Beiras, Alan Bronz. – Rio de Janeiro: Instituto Noos, 2016.

de subjugação e domínio e, com isso, enfrentar os estado de coisas[226]. Os grupos multidisciplinares atuam diretamente na causa do conflito e, assim, evitam as consequências nefastas da violência[227]. Enganam-se pensar tratar-se de uma simples atividade lúdica. Trata-se de ação de complexidade científica, educacional e social, com bons resultados já observados, que exige efetiva participação dos profissionais habilitados para a identificação dos fatores de risco e delimitar melhor a atuação específica na vítima e no agressor.

Os profissionais do atendimento aos homens identificam as necessidades para lhes conferir melhor condição para a identificação dos fatores criminógenos existentes. O atendimento à saúde mental, a educação em direitos, o acesso à informação, a obtenção de assistências, são fatores de socialização aptos a promover o bem-estar da família e a independência da mulher, mas principalmente a devida reflexão sobre os valores éticos e sociais que para a identificação de condutas e comportamentos violentos. Esses atendimentos são realizados por meio da rede que o Estado consegue oferecer e levar os envolvidos a refletir sobre o evento criminoso, notadamente quando recebem as informações acerca dos fatores de violência. Para isso, os homens envolvidos em situação de violência de gênero devem participar obrigatoriamente dessa intervenção, por meio de atendimentos especializados às necessidades para eliminar os fatores da violência e de risco. Nesse atendimento, identificam-se as condutas desviadas, advindas dos sistemas patriarcal e machista, e promove diversas reflexões com a finalidade de extirpar a naturalização das práticas dali emergidas, de modo a enaltecer a importância dos psicólogos e das suas orientações e intervenções. Além desse profissional, caso necessário, o atendimento psiquiátrico deve ser inserido no programa destinado ao indivíduo específico para atuar na saúde mental e eliminação das causas, por meio de controle médico[228], especialmente em caso de uso crônico de drogas e álcool. Esses profissionais têm capacidade de identificar as

[226] RAMOS, Ana Luisa Schmidt. **Violência psicológica contra a mulher: o dano psíquico como crime de lesão corporal**, 2ª ed., EMais Editora & Livraria Jurídica, Florianópolis. 2019.
[227] BLAY, Eva Alterman. **Feminismos e masculinidades: novos caminhos para enfrentar a violência contra a mulher.** 1ª Edição. São Paulo: Cultura Acadêmica, 2014.
[228] ZANELLO, Valeska. **Saúde mental, gênero e dispositivos: cultura e processos de subjetivação.** Curitiba: Appris, 2018.

variáveis e os fatores de determinismo comportamental antissocial[229], podendo conhecer e incursionar nas variáveis que impulsionam o ser à violência e, dentro disso, influenciar novos comportamentos humanos. Todas as variáveis encontradas devem ser trabalhadas, para

> explicar e predizer que o comportamento humano parte da premissa de que variáveis pessoais (conhecimentos, expectativas, atitudes), fatores ambientais (normas sociais, influência dos pares) e o comportamento do sujeito (habilidades, práticas) interagem ininterruptamente em um sistema de determinismo recíproco. Sendo o comportamento influenciado tanto por consequências externas, como por expectativas e processos autorregulatórios internos.[230]

Além dos homens, a participação das mulheres vítimas também deve ocorrer para receber todas as informações sobre os seus direitos e de como poder usufruí-los de forma autônoma. Isso se mostra relevante, pois é de se observar que muitas mulheres não têm informações sobre seus direitos, nem de como alcançá-los ou sem possibilidade de exercê-los. Por isso é necessário a inclusão facultativa da mulher, se o caso recomendar, para que alcance sua maior autonomia. Nesse acolhimento, além das informações sobre os direitos, recebem também as informações acerca de toda a rede protetiva e assistencial. No atendimento da saúde mental, o grupo pode reconhecer as necessidades específicas de cada mulher fragilizada pelo histórico de violência para promover o encaminhamento adequado a cada situação. Assim, o grupo reflexivo para as mulheres tem a intenção de alcançar as estratégias de proteção e autonomia feminina, para se verem livres de todas as formas de discriminação, preconceito e violência, promovendo o autocuidado e a busca da paz e felicidade. O atendimento realizado pela equipe responsável segue a diretriz do empoderamento feminino para o alcance da autodeterminação do corpo, visando promover o bem-estar social.[231]

[229] ZANELLO, Valeska; FIUZA, Gabriela; COSTA, Humberto Soares. **Saúde mental e gênero: facetas gendradas do sofrimento psíquico.** Fractal, In: *Rev. Psicol,* Rio de Janeiro, v. 27, n.3, p.238-246, dez. 2015.

[230] BANDURA, A. ***Pensamiento y acción: fundamentos sociales.*** Barcelona – España: Martínez Roca, 1987.

[231] BEIRAS, Adriano. **Metodologia de grupos reflexivos de gênero** / Adriano Beiras, Alan Bronz. – Rio de Janeiro: Instituto Noos, 2016.

A intervenção realizada no agressor e na vítima trabalha diretamente no desequilíbrio estrutural, sensibilizando-os da importância do reconhecimento de cada preconceito e ato opressor, ainda que mínimos, para poder contornar os conflitos. Os atos advindos do machismo estão naturalizados na sociedade e, por isso, muitas vezes passam despercebidos pelo agressor e pela vítima.[232] A atuação do psicólogo na atividade comportamental do grupo, por meio de dinâmicas direcionadas à reflexão e identificação dos atos machistas, oferece realmente saídas para a desestruturação dos modelos opressores.

Acredita-se que a principal atuação do grupo é enfatizar as teorias feministas, que buscam a igualdade (e não a supremacia ou empoderamento da mulher) e, com isso, eliminar o ciclo violento. Essa consciência é preciso ser difundida no homem e internalizada nas mulheres. Não se trata de um levantar de bandeira de causa oprimida, mas de uma verdadeira ressignificação dos modelos estruturados na sociedade para promover a exata justiça social.

> Não nascemos feministas, mas nos tornamos – "feministas são formadas". E para tanto destaca a importância de as mulheres primeiramente se defrontarem com seus sexismos internalizados como artifício para se tornarem feministas, enquanto os homens precisam ter o que denominou de conscientização feminista.[233-234]

O grupo reflexivo trabalha com educação em direitos, com a promoção da saúde mental, com a inteligência emocional, com a neurociência, com filosofias, com a comunicação não-violenta, com a psicologia positiva; debate teorias feministas para o enfretamento das masculinidades tóxicas; realiza a desconstrução do gênero e a erradicação dos fatores de riscos e de desigualdades sociais.

[232] Idem.

[233] NUNES, Roberta De Ávila E Silva Porto. **Grupos Reflexivos Virtuais Para Homens Autores De Violência Doméstica Na Pandemia**: O Projeto Renovação Da Defensoria Pública Do Distrito Federal. Escola da Magistratura do Estado do Rio de Janeiro. Rio de Janeiro. 2020.

[234] HOOKS, Bell. **O feminismo é para todo mundo***:* políticas arrebatadoras. Tradução de Ana Luíza Libânio. Editora Rosa dos Ventos, 2018.

A assistência à saúde mental, em sentido amplo, mostra-se um grande instrumento para a redução das violências de gênero intrafamiliar. Intervenções médicas e psicológicas se mostram eficazes na descoberta da origem e mostram possíveis soluções de prevenção, controle e extirpação da causa. O atendimento especializado ao ofensor, por meio de equipe multidisciplinar, com o uso de técnicas específicas para a recuperação da pessoa humana e reeducação, focado no reconhecimento da importância do papel de cada um existente no seio familiar, além de diminuir significativamente a vulnerabilidade da mulher, também elimina o risco criado pelos atos e pelas posturas do homem[235]. É importante reconhecer que as assistências médicas e psicológicas, quando devidamente implementadas, alcançam não só o ofensor, mas também a própria ofendida e toda a família, diminuindo ou erradicando os riscos dos atos violentos em geral. Na psicologia, o atendimento aos homens busca identificar as masculinidades e a percepção de cada uma delas, sem impor um modelo único e ideal. Volta-se a problematizar as experiências de cada pessoa, fazendo-o reconhecer as atitudes nocivas a si e a outras pessoas, nas diferentes fases da vida, impactando nas reflexões sobre as masculinidades tóxicas apresentadas no cotidiano e, ao mesmo tempo, apresentando as formas de comunicação não-violenta recomendadas por Marshall Rosenberg[236].

Essa dinâmica desenvolvida com os homens em situação de violência doméstica proporciona um crescimento pessoal dolorido, com desconstrução, ressignificação e construção do ser, por revolver a sua cultura, os seus costumes e hábitos, a sua educação e o seu aprendizado sobre as convivências dos gêneros. Além disso, proporciona a obtenção de novas experiências e traça novos perfis sociais. É de se notar que, no início da intervenção, há uma abordagem muito beligerante por parte dos homens inseridos no programa, por não conhecer as dinâmicas e por não aceitar facilmente as intervenções. Por supor que receberão uma lavagem cerebral, não acolhem as críticas de como foi educado nem de como educam. Não admitem a intervenção dos profissionais quando lhes apontam as

235 BLAY, Eva Alterman. **Feminismos e masculinidades: novos caminhos para enfrentar a violência contra a mulher.** 1ª Edição. São Paulo: Cultura Acadêmica, 2014.

236 ROSENBERG, Marshall B. Comunicação não-violenta: técnicas para aprimorar relacionamentos pessoais e profissionais / Marshall B. Rosenberg; tradução Mário Vilela. – São Paulo: Ágora, 2006.

formas como enxergam e tratam as mulheres. Por isso, o início dos trabalhos é difícil para todos e o clima belicoso faz com que as feições fiquem amarradas. Por isso, sofrem com a intervenção. Com o desenvolvimento dos encontros e das dinâmicas, essas amarras vão sendo afrouxadas e, ao fim da intervenção, conclui-se o trabalho reflexivo de forma excepcional e totalmente aceitado.

> Combater a cultura do ódio não demonstra ser uma tarefa fácil, mas é, sem dúvida, uma tarefa indispensável. Admitir que todos os humanos são componentes de uma malha social complexa em que as oportunidades e a falta delas irão determinar comportamentos os mais variados possíveis é a centelha inicial para a formação da empatia pelo outro. Os papéis sociais deturpados do homem – forte, provedor, autoridade, insensível–e da mulher – fraca, dependente, subordinada e muito sensível– não foram criados pelos autores de violência doméstica condenados; mas internalizados por eles, que foram beneficiados pela cultura sexista e patriarcal, com lugar natural de privilégio, o que, na maioria dos casos, será determinante numa situação de violência relacionada ao gênero.[237]

A dificuldade encontrada pelos facilitadores do grupo é o fator beligerante inicialmente estabelecido pela inaceitação do comportamento e da responsabilização por parte do ofensor. Dentro dos trabalhos desenvolvidos, os atendidos buscam informações jurídicas sobre a questão processual, logo no início, e, por isso, a intervenção de um operador do direito, nesse momento, mostra-se salutar para diminuir as angústias, especificamente diante do relato dos ofensores que afirmam que a Justiça não lhes escuta. A intervenção de um jurista para dar-lhes as informações procedimentais e consequenciais penais, explicando para os envolvidos com os ânimos mais calmos que no interior de uma sala de audiência, faz com que projetem melhor a dinâmica do grupo reflexivo e entendam o próprio encaminhamento, além das opções judiciais que possuem. Compreendem a extensão da Lei Maria da Penha e as suas consequências jurídicas em cada situação de vida, especialmente no trabalho e na relação familiar com a vítima.

[237] NUNES, Roberta De Ávila E Silva Porto. **Grupos Reflexivos Virtuais Para Homens Autores De Violência Doméstica Na Pandemia**: O Projeto Renovação Da Defensoria Pública do Distrito Federal. Escola da Magistratura do Estado do Rio de Janeiro. Rio de Janeiro. 2020.

Com essa intervenção jurídica, o trabalho desenvolvido pelos psicólogos do grupo é facilitado após o encontro jurídico com os ofensores. Nesse particular, Beiras afirma que

> se destaca o relato quase unânime dos homens sobre o tratamento recebido por eles ao longo do processo jurídico, o que denota a pouca disposição dos operadores da justiça em "escutar o lado deles". No limite, a percepção é de que eles já entram no processo penalizados. Quando de fato são condenados, tal noção é potencializada e refletida no grupo. Se torna muito mais difícil a diferenciação entre a função da justiça e a proposta de nosso trabalho com consequente resistência a ela. Ainda se precisa refletir melhor sobre esta característica, mas desde já podemos pensar que, nesta situação, os homens acabam esperando que o grupo adquira um caráter mais instrutivo, sobretudo no que se refere ao processo jurídico no qual se encontram submetidos e a como se conduzir nos relacionamentos futuros. Isso pode acabar subvertendo nossos pressupostos de trabalho na medida em que a metodologia procura estimular o debate ao invés de "trazer ensinamentos". Por outro lado, as pesquisas sobre o trabalho com homens encaminhados pela justiça sugere que os mesmos não procuram ajuda durante as crises com suas parceiras íntimas, o que está em consonância com a ideia de que os homens devam ser fortes e independentes. Nesse sentido, recomenda-se que, pelo menos inicialmente, a dupla da facilitação assuma uma postura mais ativa e de referência para os usuários.[238-239]

Além do trabalho em grupo, o atendimento pode ser desenvolvido individualmente, ao identificar uma situação que mereça um tratamento mais específico. Nesse caso, o atendimento pode envolver diversas áreas de atuações, como, por exemplo, pela psiquiatria, quando atua no combate ao alcoolismo ou à drogadição ou no controle de doenças ou perturbações mentais, ou pela assistência social, na busca da inserção no mercado de trabalho.

[238] BEIRAS, Adriano. **Relatório mapeamento de serviços de atenção grupal a homens autores de violência contra mulheres no contexto brasileiro**. Rio de Janeiro: Instituto Noos e Instituto Promundo, 2014.

[239] BEIRAS, Adriano. **Metodologia de grupos reflexivos de gênero** / Adriano Beiras, Alan Bronz. – Rio de Janeiro: Instituto Noos, 2016.

Essa interseccionalidade inclui a participação de profissional da área jurídica para atendimento das vítimas e dos agressores, fora do processo judicial. O operador do direito, devidamente preparado para essa atuação, deve dar todas as informações necessárias para o pleno desenvolvimento dos direitos. Para as mulheres, as informações prestadas norteiam as possibilidades do enfrentamento das desigualdades sociais e da busca pelos direitos, com o fim de se verem livres de todas as formas de dominação ou de violências. Reuniões, aulas, palestras e discussões, devem ser realizadas para direcioná-las a novos rumos, se assim desejarem. O pleno exercício dos direitos informados e conhecidos leva as mulheres ao livre desenvolvimento de suas ações, de modo a alcançarem seus espaços, inclusive os de poder. Para os homens, as informações jurídicas, além de proporcionarem o conhecimento das causas e efeitos dos atos, intimidam para o caso de reiteração de condutas. Muitos homens desconhecem a gravidade da condenação criminal. Supõem que nada ocorrerá, diante do senso da impunidade. Quando informados de seus direitos, dos direitos das mulheres, das formas de usufruí-los e das consequências das ações ilícitas, repensam sobre as suas posições e condutas.

O diferencial do tratamento dado pela intervenção dos grupos reflexivos é o fato de inserir no homem e na mulher a reflexão sobre o seu papel social e familiar de cada um, de modo a desconstruir a masculinidade tóxica e realizar a equidade dos gêneros. Como resultado da desconstrução do ser e do confronto do modelo patriarcal, machista e sexista, erradica-se a objetificação da mulher e corrige posturas.[240]

De fato, os grupos reflexivos e educativos criam espaços para o desenvolvimento de novas relações, trocas de experiências emocionais e sociais, por meio de convivência e de diálogos entre os que estão envolvidos em um mesmo problema, seja na qualidade de vítima, seja na de agressor. Esses espaços de fala e escuta qualificadas[241] contribuem para o aumento da reflexão das tóxicas relações, colaborando para o desenvolvimento de masculinidades positivas, aliviando as tensões e os sofrimentos existentes

[240] Idem.

[241] DELZIOVO, Carmem Regina. **Atenção a homens e mulheres em situação de violência por parceiros íntimos. Atenção a homens e mulheres em situação de violência**. Florianópolis | SC UFSC 2014. Disponível em https://ares.unasus.gov.br/acervo/html/ARES/1881/1/M%C3%B3dulo%20Aten%C3%A7%C3%A3o.pdf. Acesso em 18 fev. 2021.

entre os elos sociais e familiares, diminuindo, com isso, os riscos inerentes proporcionados pelo machismo e aumentando a segurança e a autonomia das mulheres, ao se estabelecer relações mais compassivas, especialmente entre os casais, pois, em regra, os trabalhos desenvolvidos pelos profissionais dentro desses grupos baseiam-se no autoconhecimento e na inteligência emocional, auxiliando na dominação das emoções, da comunicação não-violenta e do pensamento para a tomada de decisões; no amor próprio, promovendo a elevação da autoestima, da empatia, da dignidade e do respeito, e; no senso de autorresponsabilidade, quando reconhece as atitudes negativas dentro do processo reflexivo.

Por certo, fenômenos sociais negativos, como o vício do álcool e das drogas, bem como fatos culturais enraizados, frutos de um sistema patriarcal e machista, contribuem para práticas ilícitas intrafamiliar, tendo reflexo significativo para a ocorrência da violência doméstica contra pessoa vulnerável. Daí decorre a necessidade uma intervenção diferenciada para diminuir ou erradicar o ciclo de violência. Por isso, tenta-se buscar outros modos de combate à violência doméstica, de maneira a evitar a revitimização da mulher e a simples culpabilização do homem[242], com a intenção de conferir especial proteção à mulher.

Com a mera utilização do direito penal no combate à violência de gênero, visualiza-se ainda os casos de reincidência específica, o que denota a falência dos institutos penais utilizados para coibir a prática delituosa dessas condutas intrafamiliar.[243] Nesse discurso, não há muito espaço para a alegação da impunidade – que existe –, mas sim à ligação perpétua existente entre as partes e o seu ciclo de violência, incentivado por questão social e cultural, que tratar a mulher como propriedade e subserviência.

Tem-se, pois, uma complexa situação para um diferenciado tratamento, que merece especial abertura para novos horizontes de enfrentamento, com quebra de paradigmas, a fim de buscar a ressignificação de laços amorosos e fraternos, quando assim os envolvidos desejarem, ou do respeito, muitas das vezes rompidos em decorrência do machismo, do patriarcado

[242] SENKEVICS, Adriano. **O patriarcado pensado pelo feminismo radical.** Disponível em http://ensaiosdegenero.wordpress.com/tag/feminismo-radical/. Publicado em 13/02/2012. Acesso em 28 out. 2019.

[243] SANAHUJA, María. ***Fracaso de La Ley de violencia de gênero.*** *Forum Libertas.* Temas e Noticias. *Sociedad, España.* 29/12/2008.

e do álcool ou droga, que arrasam os relacionamentos. Por óbvio, também não se quer forçar ao restabelecimento daquele relacionamento acabado, mas tão-somente de querer ajustar as condutas desviadas com o fim de alcançar a igualdade e o respeito. Seja para manter o relacionamento, seja para manter a separação das pessoas, o que se busca nos grupos reflexivos e educativos é estabelecer o respeito e a equidade de gênero. Assim,

> Os grupos reflexivos e psicoeducativos de homens apresentam-se então como uma atividade meio e como uma importante ferramenta no combate à violência contra as mulheres. O grupo reflexivo é um dispositivo psicoeducativo "que constitui um espaço de inclusão de sentimentos, da subjetividade e das relações em um sistema grupal de convivência e reflexão" (ACOSTA ET AL., 2004, p. 23) por meio da troca de experiências, vivências, sentimentos e histórias semelhantes que possibilitam identificações e diferenciações que viabilizam a construção de alternativas. De acordo com a pedagogia dialógica de Freire (1987), por meio da coconstrução de uma situação dialógica e do compartilhamento de vivências similares, é viabilizado um afastamento e estranhamento quanto à própria realidade que possibilita um olhar crítico e a busca de soluções alternativas para questões comuns e significativas do grupo.
>
> O encontro promovido pelo "Grupo Reflexivo" engloba tanto um lado pacífico de união, bem como um lado hostil de embate e confronto, dado que implica sempre "um encontro entre dois mundos, duas visões de mundo" (Gadamer, 2006, p. 246). Entretanto, a proposta de Educação em Direitos Humanos de Magendzo (2006) e a Educação para a Paz de Jares (2007) ressaltam a inerência do conflito a grupos devido à pluralidade de interesses e valores, e ainda, enfatizam os aspectos criativos do conflito que, com uma mediação adequada, resultam numa educação para os Direitos Humanos, permitindo aprender a resolução não violenta de conflitos.[244]

O resultado que se obtém, ao final da intervenção, é o reconhecimento do equívoco ao se estabelecer o modelo patriarcal e machista. A reflexão realizada conduz a pessoa a repensar em sua postura e em sua educação.

[244] NUNES, Roberta De Ávila E Silva Porto. **Grupos Reflexivos Virtuais Para Homens Autores De Violência Doméstica Na Pandemia**: O Projeto Renovação Da Defensoria Pública Do Distrito Federal. Escola da Magistratura do Estado do Rio de Janeiro. Rio de Janeiro. 2020.

Os que terminam realizando todas as atividades desenvolvidas nos grupos reflexivos noticiam a percepção de uma cultura opressora em que está inserido, bem como um novo horizonte de cautela em suas posturas.[245] Os relatos e os resultados são verdadeiramente modificadores e transformadores para a sociedade. Na conclusão dos trabalhos, dentro da dinâmica desenvolvida no último encontro do grupo, vários depoimentos se apresentam de forma positiva para a construção de uma nova atitude, capaz de erradicar a opressão e a violência no seio daquela comunidade onde o homem convive. Muitos desses envolvidos requerem a extensão do grupo para outros encontros e para outras pessoas, independentemente da existência dos fatores de risco. Os homens participantes repensam em seus atos e, as mulheres, em sua autonomia e dignidade. O Instituto Noos apresenta os resultados dos trabalhos desenvolvidos nos grupos reflexivos, afirmando que

> Os principais resultados obtidos nos grupos realizados com participantes homens e mulheres são diferentes. No caso dos homens, há uma melhora na capacidade de controle da violência, e no caso das mulheres uma melhora na autoestima e, por conseguinte, a possibilidade de obter uma maior independência em relação aos parceiros e uma maior autonomia na vida. A possibilidade de estabelecer uma nova rede de relações que pode fornecer apoio e compreensão sobre o sofrimento associado à situação que motivou a participação deles no trabalho e à postura acolhedora e respeitosa das equipes que facilitam os grupos são os fatores provocadores de mudanças mais citados.[246]

Acredita-se que o homem deve ser inserido nesses encontros justamente para erradicar a violência, já que a simples imposição e execução de uma pena não têm o condão de atuar nesses pontos, pois não há nenhuma política especializada no âmbito da execução penal, voltada para prevenir a reiteração da violência e transformação social, malgrado ser possível a sua implementação na forma de condição do cumprimento do regime prisional.

[245] Idem.

[246] BEIRAS, Adriano. **Metodologia de grupos reflexivos de gênero** / Adriano Beiras, Alan Bronz. – Rio de Janeiro: Instituto Noos, 2016.

É importante destacar que os grupos reflexivos são aptos para estabelecer a assunção das responsabilidades sociais e criminais naqueles casos em que se mostram viáveis essa intervenção[247]. A retribuição pelo eventual mau injusto praticado, decorrente do primeiro fato conhecido pelo Estado, é reprovado dentro das dinâmicas que são realizadas no grupo, além de existir a autorresponsabilização. A começar com a obrigatoriedade de comparecimento aos encontros. Além disso, devem participar ativamente das tarefas realizadas no grupo e observar todas as regras determinadas pelo coordenador do grupo. Essa retribuição, sem dúvida, é mais gravosa do que a ocasionada pela pena privativa de liberdade. Por exemplo, se o homem for condenado pela primeira vez pelo crime de ameaça, receberá uma pena de detenção de um mês, a ser cumprida em regime aberto. Logo, durante a execução, poderá sair de casa para o trabalho e para o estudo, recolhendo-se nos períodos determinados pelo juiz da execução. Muitas vezes, esse recolhimento ocorre no mesmo horário em que habitualmente já se encontra em casa. Após esse período, extingue a punibilidade. Ou seja, a execução da pena é mais branda que a participação no grupo e completamente ineficaz ao fim que se propõe. Por isso, é de se verificar a existência de uma teoria absoluta da pena no comando judicial para a participação no grupo.

Importante destacar que, quanto maior o alcance dos resultados do programa dos grupos reflexivos dos homens, na mesma proporção será o alcance da autonomia das mulheres, uma vez que os envolvidos, após compreenderem as suas atitudes, compreenderão os espaços de cada um na sociedade. Ao fim de uma intervenção nos envolvidos em situação de violência doméstica e familiar, com a efetiva participação de todos, visualiza-se a autonomia, a liberdade e a independência desenvolvida pela mulher e, ao mesmo tempo, o reconhecimento dos homens acerca dos comportamentos tóxicos e abusivos, dando nova viragem comportamental, erradicando os fatores de risco.

Assim, impõe-se a necessidade de se criar novos mecanismos de enfretamento à violência doméstica, no âmbito judicial, de modo que a inserção do envolvidos em grupos reflexivos tem sido um grande modelo

[247] MARTÍNEZ, Alejandrina Ortiz. ***Violencia domestica: modelo multidimensional y programa de intervención.*** *Tesis presentada para la obtención del grado de doctor por La Universidad Complutense de Madrid . Bajo la dirección del Doctor: Emilio García García. Madrid, 2005.*

de intervenção estatal atuante e profícua. A forma como pode se realizar a inclusão dos agressores será detalhada a seguir, ao passo que as mulheres devem, a qualquer tempo, serem encaminhadas às instituições competentes logo no primeiro contato com a autoridade, policial ou judicial, bem como nos momentos seguintes, quando perceberem a necessidade.

3.2. Instrumentos jurídicos para inserção dos homens envolvidos em violência doméstica e familiar na reabilitação

Para a inserção dos homens nos grupos reflexivos visando à erradicação e ao combate da violência doméstica e familiar será necessária a inovação do sistema jurídico processual penal, pois as medidas instituídas legal e jurisprudencialmente no ordenamento jurídico brasileiro atual não observam a legalidade e os direitos do suposto autor do fato, nem garantem a efetiva resolução dos crimes familiares. Por isso, apesar do grande avanço e dos ideais construídos, mostra-se necessária a ampliação de medidas, já que o sistema jurídico legal aborda o complexo problema social por meio de instrumentos punitivistas, culminando com um grande fracasso na contenção, como visto acima.

Atualmente, todas as medidas necessárias para a proteção da mulher, estabelecidas pela Lei Maria da Penha, são aplicadas liminarmente e sem a oitiva da parte que sofre com as restrições impostas. Basta um simples requerimento, que a restrição é imposta, mesmo que ausente qualquer elemento mínimo de prova. Em especial, as medidas previstas no artigo 22, incisos VI e VII, da Lei 11.340/06[248], que violam a presunção de inocência, ao determinar a inclusão do suposto autor do fato nos programas de reeducação e ao atendimento psicossocial de forma obrigatória, inclusive em fase inquisitorial, sob pena de prisão preventiva e crime de descumprimento de medida protetiva, caso não cumpra a obrigação. Como visto, essas medidas podem ser impostas pela autoridade judiciária, por meio de um simples pedido da suposta vítima. De fato, a inclusão em

[248] Art. 22. Constatada a prática de violência doméstica e familiar contra a mulher, nos termos desta Lei, o juiz poderá aplicar, de imediato, ao agressor, em conjunto ou separadamente, as seguintes medidas protetivas de urgência, entre outras:
VI – comparecimento do agressor a programas de recuperação e reeducação; e (Incluído pela Lei nº 13.984, de 2020).
VII – acompanhamento psicossocial do agressor, por meio de atendimento individual e/ou em grupo de apoio. (Incluído pela Lei nº 13.984, de 2020).

grupos reflexivos e atendimentos multidisciplinares têm grande eficácia no controle, na prevenção e na erradicação dos problemas familiares. Entretanto, a forma liminar e sem a oitiva da outra parte para a inclusão nesse sistema de proteção presume, de forma quase absoluta, a criminalidade dos homens, apesar do resultado benéfico da medida. Mas os fins não justificam os meios. Deve-se fazer uma análise mais acurada do caso concreto para a imposição dessas duas medidas. Diferentemente das protetivas usualmente estabelecidas (afastamento do lar, distância mínima da vítima e proibição de contato), que eliminam os riscos de forma imediata, sendo interessante até para o próprio homem, as medidas de inclusão em programas de reeducação não visam estancar o conflito de forma imediata. Por isso, a determinação dessa medida, no âmbito do boletim de ocorrência policial, não se mostra pertinente. Contudo, essas protetivas têm grande eficácia para o enfrentamento da criminalidade doméstica, sendo importante estabelecer novos rumos para um enfretamento da violência de gênero, mas que igualmente garanta a observância dos direitos constitucionais do suposto autor do fato e a celeridade das medidas de prevenção e contenção da criminalidade.

O caminho mais profícuo para a erradicação da violência de gênero é realizado por grupos psicoeducativos, com atenção primária nas questões de gênero. Os grupos reflexivos atendem homens e mulheres e lhes apresentam um diagnóstico do conflito e as formas de percepção e resolução das causas[249]. Assim, antes de se pensar nos instrumentos jurídicos para uma atenção aos homens envolvidos em situação de violência doméstica, por óbvio, é necessária a criação do grupo reflexivo no âmbito do Poder Executivo, para onde deverão ser encaminhados. Assim, os grupos reflexivos e psicoeducativos devem ser materialmente instituídos e aparelhados pelo Estado para receberem o público alvo. Essas equipes multidisciplinares devem integrar a Administração Direta, ligadas a uma Secretaria de Estado, como, por exemplo, a Secretaria de Assistência Social ou Secretaria Especial de Políticas para as Mulheres, independente da estrutura do Judiciário ou do Ministério Público ou da Defensoria Pública e outras entidades afins, mas com esses vinculados por meio de termo de cooperação. Assim, dentro dos limites estabelecidos pela equipe, os

[249] BLAY, Eva Alterman. **Feminismos e masculinidades: novos caminhos para enfrentar a violência contra a mulher.** 1ª Edição. São Paulo: Cultura Acadêmica, 2014.

homens e as mulheres deverão ser encaminhados ao grupo, seja de forma voluntária ou obrigatória.

A depender da organização do grupo, mostra-se viável o acesso ao público externo interessado na dinâmica dos trabalhos desenvolvidos, visando alcançar o conhecimento sobre os temas abordados pela equipe. Seja quem for e havendo possibilidade, o público externo poderá participar dos encontros ativamente, já que os trabalhos realizados apresentam fatores sociais de mudança de comportamento. Por isso, mesmo não se envolvendo em questões criminais, a pessoa deve ter acesso às informações acerca dos comportamentos tóxicos, de modo a poder difundir os novos rumos sociais de combate à violência doméstica. Por óbvio, essa participação de público externo é facultativa.

Em se tratando de homem envolvido em situação de violência doméstica, cuja participação deve ser obrigatória, é imperiosa a observância de algumas regras importantes para compatibilizar os preceitos constitucionais de garantias do acusado com a importante participação no grupo reflexivo. Nesse caso, parte-se da ideia de que a inclusão do homem no grupo reflexivo deve se dar quando da notícia de eventual envolvimento na prática delitiva que abarque a violência doméstica e familiar contra a mulher. Por certo, isso somente será possível quando o Estado tomar conhecimento de algum fato criminoso por meio da *notitia criminis,* registrada em forma de prisão em flagrante ou por abertura de inquérito, nos moldes como preceitua a legislação processual penal. A partir daí, o Estado poderá promover forçosamente todos os atos tendentes à eliminação e erradicação da violência.

Logo no primeiro momento da notícia da ocorrência criminal, as medidas protetivas ou cautelares devem ser impostas quando constatada a situação de risco para a mulher. Contudo, nesse momento, diferentemente do que a Lei Maria da Penha autoriza, entende-se não ser o caso de inclusão do suposto autor do fato nos programas de reeducação e de atendimento psicossociais por meio de medida protetiva de forma obrigatória, por serem medidas com caráter preventivo e retributivo e, assim, violadoras da presunção de inocência, pois exige uma atuação do suposto agressor, sob pena de prisão e crime de descumprimento de medida protetiva. Não se tratam de medidas similares às demais protetivas, pois estas primam pelo afastamento do perigo imediato. Assim, logo após a notícia do crime, o que se espera são as medidas para a contenção do risco supostamente existente, como afastamento do lar, proibição de contato e de aproximação etc. A inclusão nos atendimentos psicoeducativos não tem essa finalidade iminente, mas exige a restrição de direitos do suposto autor do fato, especialmente ao direito de ir e vir. É, por isso, que muitos juízes não estabelecem essas medidas protetivas após o requerimento da proteção em sede policial.

Assim, com exceção das medidas protetivas e cautelares, que imediatamente protegem a mulher, afirma-se não haver medida legal eficiente voltada para o suposto autor do fato ou do condenado de violência doméstica de longa duração, sendo necessária a inovação jurídica, com observância aos princípios da legalidade, da reserva legal e ao da não-culpabilidade, entre outros. Dessarte, diante da inexistência de instrumento jurídico previsto em lei, é importante a inovação legislativa para a inclusão do homem nos grupos reflexivos, e não adotar os arranjos promovidos pelo ativismo judicial. Essa inovação legislativa não necessita de revogação de nenhuma lei ou instituto procedimental ou penal, mas sim de inclusão no ordenamento jurídico para uma incrementação de política criminal.

Como visto, a lei Maria da Penha veda a utilização da Lei 9.099/95 aos crimes domésticos e familiares contra a mulher. Portanto, para esses crimes é necessária a inovação legislativa para se utilizar determinados institutos que autorizam a inserção no grupo reflexivo, especialmente quando se tratar de encaminhamento para participação obrigatória. Para não deixar dúvidas e discussões jurídicas, essa inovação legislativa também deve abarcar as contravenções penais para conferir o mesmo tratamento.

As medidas a seguir propostas não serão, de fato, inovadoras na prática judicial, mas no ordenamento jurídico, pois há muitos juízes que não seguem as orientações jurisprudenciais dos Tribunais Superiores e homologam acordos em sede de Juizado de Violência Doméstica, como transação penal em contravenção penal e suspensão condicional do processo, quando o suposto ofensor preencher os requisitos previstos na Lei 9.099/95. Em caso de contravenção penal, justificam afirmando que a lei Maria da Penha não veda a observância da lei de Juizados Especiais para as contravenções, mas somente para os crimes. Curiosamente, não admitem a composição civil, em razão da vulnerabilidade da mulher. Com muita elasticidade, fundamentam que o instituto do *sursis* processual não é instituto próprio para crimes de menor potencial ofensivo do Juizado Especial, por isso autorizam a suspensão condicional do processo. Assim, em diversos juízos, há acordos e, por meio deles, a inclusão do beneficiário nos grupos reflexivos para participação obrigatória. A título de curiosidade, no âmbito do Tribunal de Justiça do Distrito Federal e Territórios, atualmente, dos vinte Juizados de Violência Doméstica consultados e atuando em diversas circunscrições do Distrito Federal, temos os seguintes dados[250]:

Juizado de Violência Doméstica e Familiar contra a Mulher	Aplica ou não o instituto do *Sursis* processual, nos casos previstos pela Lei 9099/95?	Encaminha ou não o agressor para acompanhamento em Grupos Reflexivos (GR)
1ª VD de Brasília	Aplica quando o MP oferece, em casos específicos.	Consulta à vítima. Se ela anui, encaminha o réu a GR.
2ª VD de Brasília	Não aplica	Encaminha os agressores, como sugestão.
3ª VD de Brasília	Aplicava o *sursis* até 2017, depois mudou o entendimento e não aplica mais.	Encaminha casuisticamente para GR.
VD Taguatinga	Aplica.	Sempre encaminha para GR, como condição para a suspensão do processo ou transação penal em contravenções penais.
VD Planaltina	Não aplica	Encaminha como sugestão para GR.
VD Sobradinho	Não aplica. Alega que o MP nunca requer.	Encaminha para GR como sugestão, no contexto de aplicação de medidas protetivas.
VD Brazlândia	Não aplica.	Só encaminha para GR no contexto de medidas protetivas se o réu é Policial Militar.
VD Gama	Aplica.	Sempre encaminha para GR, como condição para suspensão do processo.

[250] Dados obtidos por meio de consulta, via telefone, de cada diretor de secretaria dos respectivos Juizados, realizada pelo Dr. Gustavo Ladosky, analista do TJDFT, no ano de 2021.

1ª VD de Ceilândia	Não aplica.	Às vezes indica o agressor para GR, como sugestão (normalmente desistem).
2ª VD de Ceilândia	Não aplica.	Encaminha para GR eventualmente.
VD Paranoá	Não aplica.	Não mencionou se encaminha para GR.
VD Samambaia	Aplica.	Sempre encaminha para GR como condição para suspensão do processo.
VD Santa Maria	Aplica.	Sempre encaminha para GR como condição para suspensão do processo.
VD São Sebastião	Não aplica.	Encaminha para GR em alguns casos, como sugestão, no contexto de medidas protetivas.
VD Núcleo Bandeirante	Não aplica.	Encaminha como sugestão para GR.
VD Riacho Fundo	Aplica	Com a mudança de entendimento (aplicando o *sursis*) encaminhará para GR obrigatoriamente, como condição da suspensão.
VD Águas Claras	Não aplica.	Encaminha para GR como sugestão, no contexto de aplicação de medidas protetivas
VD Recanto das Emas	Aplica *sursis.*	Sempre Encaminha para GR como sugestão, no contexto de aplicação de medidas protetivas
VD Itapoã	Vara criada em fevereiro de 2020, mas não aplica *o sursis.*	Encaminharão para GR.
VD Guará	Aplica o *sursis,* desde que a vítima concorde.	Uma vez aplicando, encaminha para GR como sugestão, no contexto de aplicação de medidas protetivas.

Analisando o quadro acima, depreende-se que alguns Juizados de Violência Doméstica no âmbito do Tribunal de Justiça do Distrito Federal adotam o instituto da suspensão condicional do processo, mesmo sem autorização legal e em desconformidade com a jurisprudência dos Tribunais Superiores. Por isso, é importante a inovação legislativa, para dar suporte legal bastante para a adoção das medidas que aqui se propõe. Dessa feita, é necessária uma nova roupagem legal para dar suporte e segurança jurídica, além de uniformidade no tratamento dos envolvidos. Para tanto, a Lei Maria da Penha, por exemplo, pode realizar essa inovação legislativa, já que também é uma lei procedimental, quando prevê, por exemplo, o procedimento da audiência preliminar. Acredita-se na ideia, que, na prática judicial já é realizada, mas que necessita dar suporte legal.

Com isso, uma alteração legislativa deve ser promovida para autorizar a transação penal apenas para os casos de contravenção penal, tendo como condição legal obrigatória a inclusão nos programas de reeducação e atendimento psicossocial, sem prejuízo de outras condições averiguadas e adequadas em cada caso, como por exemplo, reparação do dano, observância das medidas protetivas vigentes, prestação de serviços comunitários ou tratamento contra o vício por drogas e álcool. Por se tratar de contravenção penal, cuja ação penal é pública incondicionada, a proposta deve ser realizada pelo Ministério Público em sede de audiência preliminar. Como requisito para a concessão e homologação do acordo de transação penal, pode-se averiguar a primariedade e os bons antecedentes do beneficiário, a não realização de uma transação penal nos últimos cinco anos, bem como as circunstâncias e os motivos do fato contravencional. A aceitação do acordo não deverá importar em assunção de culpa nem para efeitos penais e extrapenais, além de se determinar a exclusão no nome do beneficiário das anotações cartorárias (nada consta), salvo para o controle e fiscalização das condições. Em vista do exíguo prazo prescricional das contravenções penais, a transação penal deverá suspender o prazo prescrição penal, para, em caso de revogação, autorizar o Ministério Público a denunciar, uma vez que não se trata de inércia estatal.

Em crimes de menor e de médio potencial ofensivo, esses últimos entendidos como aqueles, cuja pena mínima privativa de liberdade não seja superior a um ano, mostra-se pertinente a suspensão condicional do processo, pelo prazo de dois a quatro anos. O instituto da suspensão condicional do processo deve ser criado por lei, alterando a lei Maria da

Penha, para haver proposta específica nesse contexto de violência de gênero. A proposta do *sursis* processual deve ser realizada pelo representante do Ministério Público, em audiência especial, ainda que a ação penal seja privada, mas desde que o réu ou querelado preencha os requisitos legais a serem estabelecidos no âmbito da lei 11.340/06, de forma inovadora. Como requisitos, pode-se determinar o preenchimento da primariedade e dos bons antecedentes, não ter sido beneficiado pela suspensão condicionado do processo nos últimos cinco anos, além de as circunstâncias do crime e dos motivos indicarem a concessão do benefício. Chama-se a atenção para as circunstâncias e consequências do crime para a propositura do acordo, uma vez que há situações no caso concreto que, mesmo que o réu preencha os demais requisitos, a gravidade do caso impede a concessão do benefício. Assim, o representante do Ministério Público poderá deixar de oferecer a proposta quando o caso concreto não recomendar, fundamentando a sua posição.

Dentro do prazo estabelecido, o "sursistário" deverá cumprir as obrigações estabelecidas no acordo. As obrigações podem ser estabelecidas em lei, sem prejuízo de outras que o juiz achar adequada ao contexto fático, como por exemplo, reparação do dano, observância das medidas protetivas vigentes, prestação de serviços comunitários ou tratamento contra o vício por drogas e álcool. Entre as condições legais obrigatórias, pode-se determinar a inclusão no grupo reflexivo e psicossocial, o comparecimento mensal em juízo para justificar as atividades, proibição de se ausentar da comarca do juízo por mais de trinta dias, sem autorização judicial, além de penas restritivas de direitos previstas no artigo 43 do Código Penal.

A aceitação do *sursis* processual não deve importar em assunção de culpa nem para efeitos penais e extrapenais, além de determinar a exclusão no nome do beneficiário das anotações cartorárias (nada consta), salvo para o controle e fiscalização das condições. Além disso, o acordo deve suspender o prazo prescrição penal, para o caso de descumprimento ou revogação do acordo, momento em que o Ministério Público promoverá as diligências necessárias para o retorno da marcha processual.

A fiscalização dos acordos de transação penal e de suspensão condicional do processo deve ficar a cargo do Juizado de Violência Doméstica competente para a tramitação do processo, onde se homologou o acordo. Caso o beneficiário comprove a execução de todas as condições, o juiz deve extinguir a punibilidade. Contudo, considerar-se-á causa de revogação dos benefícios o descumprimento injustificado ou envolvimento em qualquer delito ou contravenção penal que resulte no indiciamento do suposto autor da nova infração.

Por outro lado, em crimes domésticos e familiares contra a mulher, cuja pena privativa de liberdade mínima seja superior a um ano, não haverá possibilidade de qualquer acordo no âmbito do processo de conhecimento, adotando-se as medidas já em vigor da lei Maria da penha e o procedimento comum previsto no Código de Processo Penal. Ou seja, nesses casos, durante a fase de conhecimento, não haveria nenhuma alteração. Contudo, caso o réu venha a concluir a participação voluntária de algum grupo reflexivo dentro dessa temática e no curso do processo, entende-se ser possível o reconhecimento da circunstância atenuante genérica, prevista no artigo 66 do Código Penal, em caso de condenação criminal. Isso, de fato, mostra um novo comportamento da pessoa, voltada à prevenção das condutas criminosas, de modo a poder incentivá-lo à participação da desejada mudança cultural.

Caso o réu não venha a ser beneficiado na forma acima, através dos institutos da transação penal ou da suspensão condicional do processo, e havendo condenação penal por qualquer crime doméstico e familiar contra a mulher, a extinção da punibilidade, no âmbito da execução da pena, deve ser condicionada à participação em programas de reeducação e psicossocial que envolva os temas de violência contra a mulher. Assim, os juízos da execução penal devem manter, por meio de termo de cooperação, os trabalhos da equipe multidisciplinar voltados para o enfretamento e erradicação da violência de gênero. Enquanto não houver o cumprimento dessa condição, não deverá haver a extinção da punibilidade e, em caso de descumprimento injustificado, importará em falta disciplinar de natureza grave (art. 50, V, LEP).

Para a participação do apenado nos grupos reflexivos, poderá haver atendimento no interior da unidade prisional, apesar de se visualizar a extrema dificuldade. Assim, no âmbito externo, no regime semiaberto, a participação no grupo pode ser promovida por meio da saída temporária, na forma no artigo 122, inciso III, da Lei de Execuções Penais[251], e, no

[251] Art. 122. LEP – Os condenados que cumprem pena em regime semi-aberto poderão obter autorização para saída temporária do estabelecimento, sem vigilância direta, nos seguintes casos: III – participação em atividades que concorram para o retorno ao convívio social.

regime aberto, na forma de condição obrigatória, nos moldes do artigo 115 da lei 7.210/84[252]. Caso haja o descumprimento injustificado das condições do regime aberto, haverá a configuração da falta grave[253], a ensejar, inclusive, a regressão[254]. Por certo, essas determinações mostram-se gravosas, diante da possibilidade de regressão, mas justificada pela necessidade de contenção da violência de gênero, compatibilizada com a teoria da prevenção especial positiva da pena.

Para a instituição de programa de educação no âmbito da execução, não há necessidade de inovação legislativa, pois a Lei de Execuções Penais já dá amparo legal para o magistrado impor essa medida no âmbito execucional. Contudo, é necessária a criação do grupo reflexivo e o termo de cooperação técnica entre as instituições responsáveis para ser executada no âmbito do cumprimento das penas privativas de liberdade, uma vez que o *sursis* penal, apesar de ser concedido, não tem sido realizado, por se mostrar mais gravoso que as penas dos crimes que corriqueiramente são julgados pelo Juizado de Violência Doméstica.

Na imposição de pena restritiva de direito, cabível em crimes sem violência ou grave ameaça, cuja pena privativa de liberdade não seja superior a quatro anos, sendo o réu não reincidente em crime doloso e sendo as circunstâncias do delito favoráveis, nos moldes do artigo 44 do Código Penal, o juiz sentenciante deve primar pela imposição da limitação de fim de semana, momento em que, no âmbito da execução, o condenado poderá participar dos grupos reflexivos, nos moldes do artigo 152, da Lei 7.210/84[255].

[252] Art. 115. LEP – O Juiz poderá estabelecer condições especiais para a concessão de regime aberto, sem prejuízo das seguintes condições gerais e obrigatórias:

[253] Art. 50, LEP – Comete falta grave o condenado à pena privativa de liberdade que: V – descumprir, no regime aberto, as condições impostas;

[254] Art. 118. LEP – A execução da pena privativa de liberdade ficará sujeita à forma regressiva, com a transferência para qualquer dos regimes mais rigorosos, quando o condenado: I – praticar fato definido como crime doloso ou falta grave;

[255] Art. 152. Poderão ser ministrados ao condenado, durante o tempo de permanência, cursos e palestras, ou atribuídas atividades educativas.
Parágrafo único. Nos casos de violência doméstica contra a mulher, o juiz poderá determinar o comparecimento obrigatório do agressor a programas de recuperação e reeducação. (Incluído pela Lei nº 11.340, de 2006).

Assim, apenas a Lei Maria da Penha passaria por alteração para a inclusão de dispositivos legais aptos a autorizar a transação penal e a suspensão condicional do processo, em caso de envolvimento em infração penal, cuja redação ousa-se em sugerir:

Art.16-A. Em caso de suposto envolvimento em contravenção penal em contexto de violência doméstica e familiar contra mulher, e não sendo o caso de arquivamento, o Ministério Público poderá oferecer transação penal, sendo vedada a sua proposta em se tratando de crime.

§1º. Para obtenção da proposta de acordo, o beneficiário deverá preencher os seguintes requisitos cumulativos:

I. Ser primário e portador de bons antecedentes.

II. A culpabilidade, os antecedentes, a conduta social e a personalidade do condenado, bem como os motivos e as circunstâncias indicarem que essa transação seja suficiente.

III. Não ter sido beneficiado com transação penal nos últimos cinco anos.

§2º. Poderão ser propostas as seguintes condições, sem prejuízo das penas restritivas de direitos e de outras que se julgarem pertinentes:

I. Comparecimento do agressor a programas de recuperação e reeducação;

II. Acompanhamento psicossocial do agressor, por meio de atendimento individual e/ou em grupo de apoio.

III. Tratamento médico especializado.

IV. Cumprimento das medidas protetivas vigentes.

V. Reparação do dano, se possível.

§3º Aceita a proposta pelo suposto autor da infração e pelo seu defensor, será submetida à apreciação do Juiz e não importará em assunção de culpa.

§3º A homologação o acordo não importará em reincidência, sendo registrada apenas para impedir novamente o mesmo benefício no prazo de cinco anos.

§ 3º Da sentença prevista no parágrafo anterior caberá a apelação.

§ 4º Durante a validade do acordo, o prazo prescricional ficará suspenso.

§5º A transação penal será revogada se o beneficiário descumprir injustificadamente as condições impostas ou ser processado por nova infração penal.

§6º O cumprimento integral da transação penal extingue a punibilidade.

Art. 16-B. Em caso de denúncia ou de queixa, por crime ou contravenção penal em contexto de violência doméstica e familiar contra mulher, cuja pena mínima não seja superior a um ano, citado o réu ou o querelado e apresentada a resposta a acusação, não sendo o caso de arquivamento e preenchendo os requisitos para a suspensão condicional do processo, o juiz designará audiência especial para a proposta a ser realizada exclusivamente pelo Ministério Público, ainda que se trate de ação penal privada.

§1º O juiz homologará o acordo, suspendendo o processo por dois a quatro anos, desde que o beneficiário preencha os seguintes requisitos cumulativos:

I. Ser primário e portador de bons antecedentes.

II. A culpabilidade, os antecedentes, a conduta social e a personalidade do condenado, bem como os motivos e as circunstâncias indicarem que essa suspensão seja suficiente.

III. Não ter sido beneficiado pela suspensão condicional do processo nos últimos cinco anos.

§ 2º Aceita a proposta pelo acusado e seu defensor, na presença do Juiz, não importará em reconhecimento de culpa, submetendo o acusado a período de prova, sob as seguintes condições, sem prejuízo de outras medidas que reputar adequadas:

I. Reparação do dano, salvo impossibilidade de fazê-lo;

II. Proibição de frequentar determinados lugares;

III. Proibição de ausentar-se da comarca onde reside, sem autorização do Juiz;

IV. Comparecimento pessoal e obrigatório a juízo, periodicamente, para informar e justificar suas atividades.

V. Comparecimento do agressor a programas de recuperação e reeducação;

VI. Acompanhamento psicossocial do agressor, por meio de atendimento individual e/ou em grupo de apoio.

VII. Tratamento médico especializado.

VIII. Cumprimento das medidas protetivas vigentes.

§3º A homologação o acordo não importará em reincidência, sendo registrada apenas para impedir novamente o mesmo benefício no prazo de cinco anos após a extinção da punibilidade.

§ 3º Da sentença prevista no parágrafo anterior caberá a apelação.

§ 4º Durante a validade do acordo, o prazo prescricional ficará suspenso.

§5º A suspensão condicional do processo será revogada se o beneficiário descumprir injustificadamente as condições impostas ou ser processado por nova infração penal.

§6º O cumprimento integral do acordo extingue a punibilidade.

> §7º Se o acusado não aceitar a proposta prevista neste artigo, o processo prosseguirá em seus ulteriores termos.

Portanto, acredita-se que a criação dessas medidas procedimentais pode oferecer um maior sucesso à lei de proteção às mulheres contra qualquer forma de violência ou discriminação, pois a inserção dos homens envolvidos em situação de violência doméstica ou familiar em grupos reflexivos, nesses moldes, observa as garantias processuais do suposto ofensor, quando se tratar de agentes primários, bem como, com a devida instrução que recebem e com a efetiva participação nos grupos reflexivos, haverá o alcance da reeducação e da ressignificação do ser com políticas eficientes para a prevenção dos delitos dessa natureza. Além disso, evita a própria revitimização sistêmica da mulher.

É importante destacar que a inclusão de réu primário em grupo reflexivo, por meio de específico instituto despenalizador, não é o fundamento para garantir os direitos dos acusados que estejam respondendo a processo criminal. Não se trata de fundamentação para a concessão, mas, diante da supremacia da palavra da vítima, em processos dessa natureza, a aceitação do benefício pode ser uma forma de diminuição de danos a todos os envolvidos. Assim, um inocente poderá não ser condenado, nem a vítima ficar com a sensação de impunidade, e os resultados do grupo reflexivo apresentarem um bem maior para aquela família e para toda a comunidade.

Como se pode observar, não há abnegação do direito punitivo, mas apresentação de novos instrumentos que empiricamente demonstram ser proveitosos para o controle criminal, ao tempo em que evita a revitimização ocasionado pelo sistema punitivista. Somente em caso de reiteração da conduta criminosa, é que o Estado tomará medidas mais enérgicas, por meio do Direito Penal, visando maior recrudescimento, mas sem perder de vista a necessidade de um tratamento com viés feminista no âmbito da execução penal. Todos os atendimentos realizados por meio do processo penal, visando à erradicação da violência doméstica, devem primar pela atenção na causa do conflito, prioritariamente, ainda que isso seja por meio de uma pena, independentemente de seu *quantum*.

No âmbito do Distrito Federal, o projeto RenovAÇÃO, da Defensoria Pública do DF, vem realizando atendimento de homens encaminhados por meio de suspensão condicional do processo ou transação penal para participar de dez encontros com a equipe multidisciplinar, voltados às questões de gênero. A participação dos homens tem se mostrado extremamente eficaz na mudança dos comportamentos daqueles envolvidos nas tarefas e nas dinâmicas do grupo. O projeto já atendeu mais de oitenta pessoas nos anos de 2019 a 2021, inclusive por meio virtual, alcançando êxito em cinco turmas, quando foram finalizadas com participação de todos os que foram encaminhados pelo Juizado de Violência Doméstica de Taguatinga. Por óbvio, a participação dos homens é forçada, por conta do acordo judicial, em sede de transação penal ou de suspensão condicional do processo, mas, ao final, os participantes visualizam a mudança de olhares de gênero, com nenhuma reincidência criminal notificada, ou seja, os homens que concluíram os trabalhos do grupo reflexivo não tiveram novas ocorrências policiais em seu desfavor.[256] Segundo as informações prestadas pela Subsecretaria de Atendimento Psicossocial da Defensoria Pública do Distrito Federal, temos os seguintes dados:

Projeto Renovação Homens[257]

Turmas	Participantes encaminhados	Participantes que aderiram ao Projeto	Participantes que formaram
Novembro/2019	22	12	12
Junho/202	23	18	17
Agosto/2020	21	17	17
Outubro/2020	29	19	19
Março/2021	34	22	22
Total	**129**	**88**	**87**

Essas medidas educacionais vêm se mostrando eficientes para a prevenção e controle da violência de gênero, diante da inexistência de reiteração por parte dos participantes. Por óbvio, esses projetos devem

256 NUNES, Roberta De Ávila E Silva Porto. **Grupos Reflexivos Virtuais Para Homens Autores De Violência Doméstica Na Pandemia**: O Projeto Renovação Da Defensoria Pública Do Distrito Federal. Escola da Magistratura do Estado do Rio de Janeiro. Rio de Janeiro. 2020.

257 Informações obtidas da Subsecretaria de Atendimento Psicossocial da Defensoria Pública do Distrito Federal, em 27 de abril de 2021.

ser ampliados para prestar atendimentos a diversas pessoas e cidades. Analisando, objetivamente, os dados da Circunscrição Judiciária de Taguatinga-DF, dos 748 inquéritos policiais recebidos pelo Ministério Público do Distrito Federal e Territórios, 129 pessoas foram encaminhadas ao grupo reflexivo RenovAÇÃO.[258]. Ao fim de cada grupo educacional, durante as atividades devolutivas da equipe, todos os envolvidos apresentam comportamentos muito dissociados daquele que tinham antes da participação. Relatam que as tarefas e o conhecimento adquiridos foram divisores de atitude e pensamentos, no que tange ao ciclo de violência, ao machismo, ao patriarcalismo etc. Por isso, acreditam-se no potencial dessa nova forma de controle criminal, dada as especificidades dos casos de violência doméstica.

Contudo, além de um atendimento direcionado aos homens, mostra-se importante um atendimento especializado para as mulheres, com a finalidade de promover a autonomia e a liberdade, com medidas eficientes para a identificação dos fatores de risco e com metodologia própria para oferecer novos rumos.

3.3. Rede de acolhimento de mulheres para a promoção da autonomia

Todos os programas proporcionados às mulheres, vítimas ou não de violência doméstica, mostram-se de suma importância para o pleno desenvolvimento de seus direitos. Entretanto, quando vítimas de violência de gênero são inseridas nos programas destinados especificamente para essa demanda, recebem diversas informações e atendimentos especializados com vistas a garantir o pleno desenvolvimento de suas liberdades. Por isso, a importância da reabilitação de todos os indivíduos inseridos no contexto de violência[259], e não somente do autor do fato criminoso, como forma de conter e evitar as diversas formas de agressão, bem como de reestruturar a pessoa violenta e a agredida. Com tal medida, alcança-se uma proteção mais satisfatória, evitando-se, inclusive, o agravamento da situação de risco existente.

[258] Dados disponíveis em: https://www.mpdft.mp.br/portal/pdf/nucleos/nucleo_genero/estatisticas/Estatistica_ VD_2020 _NG_MPDFT.pdf. Acesso em 04 jun. 2021

[259] MARTÍN, María Ángeles Rueda. ***Los programas y/o tratamientos de los agresores em supuestos de violencia de gênero ¿Una alternativa eficaza la pena de prisión?*** *Editorial Dykinson*. Madrid, 2007.

Para as mulheres, a rede de apoio é dividida em rede de acolhimento, com medidas de atendimentos especializados, e rede de enfrentamento, visando combater e prevenir as violências, por meio de instituições de controle e repressão.

Entre outras formas de acolhimento de mulheres (rede comunitária, rede movimentalista, rede privada), o atendimento interseccional às mulheres, promovido por órgãos do setor público, mostra-se medida salutar para promover novos contornos à violência doméstica, uma vez que possui fortes instrumentos para a emancipação da vítima e para a sua proteção, por meio de vários segmentos de atendimentos e sem prejuízo da cooperação de outras redes. Assim, além da proteção pelas polícias e das medidas protetivas devidamente implementadas pelo Estado (rede de enfrentamento), a rede de apoio, formada por grupo reflexivo, pela assistência social, por atendimentos jurídicos, médicos e psicológicos, que visam realizar a extirpação dos perigos da violência, promovem novos rumos de ressignificação feminina. Essas conexões constroem novas políticas públicas para a redução de danos e vulnerabilidades. Também não se mostra tarefa fácil, mas com possibilidades de uma boa prática e implementação, porquanto enfrenta a violência com serviços públicos que garantam a participação da pessoa que não consegue se desvencilhar dos perigos a que está submetida, pois os crimes familiares e domésticos mostram-se multifacetados[260].

A Política Nacional de Enfrentamento à Violência contra as Mulheres afirma que as instituições governamentais e da sociedade civil são primordiais para o enfrentamento da violência:

> Os governos (Estaduais, Municipais e o Distrito Federal) e a sociedade civil possuem um papel a desempenhar na prevenção e no combate da violência contra as mulheres, e na assistência às mulheres. Todavia, ainda existe uma tendência ao isolamento dos serviços e à desarticulação entre os diversos níveis de governo no enfrentamento da questão. O trabalho em rede surge, então, como um caminho para superar essa desarticulação e a fragmentação dos serviços, por meio da ação coordenada de diferentes áreas governamentais, com o apoio e monitoramento de organizações não governamentais e

260 BEIRAS, Adriano. **Metodologia de grupos reflexivos de gênero** / Adriano Beiras, Alan Bronz. – Rio de Janeiro: Instituto Noos, 2016.

da sociedade civil como um todo; no sentido de garantir a integralidade do atendimento.[261]

O fortalecimento da rede de atendimento e enfrentamento à violência doméstica contra as mulheres é essencial para a proteção da mulher, pois "fortalecer o trabalho em rede na área da violência doméstica é primordial para se criar condições mínimas, planos de trabalhos adequados e coerentes, que estejam comprometidos com a redução da violência, com a segurança da mulher e também, com o profissional que está na linha de frente do atendimento"[262].

É cediço que quando a mulher está inserida em um relacionamento tóxico, sofrendo diversas violências em seu ambiente doméstico, desencadeia uma série de dificuldades sociais e perturbações à saúde mental, capazes de afetar as suas decisões. Para que isso seja erradicado ou mitigado, o apoio da rede de proteção faz com que a própria mulher possa identificar os fatores de violência e oferece soluções viáveis para deles saírem.

Através desse grupo reflexivo específico, mulheres recebem apoio psicológico e fortalecimento de suas competências. Assim como os homens têm um programa específico dentro do grupo reflexivo para atender as suas especificidades, as mulheres também recebem atendimentos específicos, através do grupo psicoeducativo, seja de forma individual ou coletivo. A instituição de um grupo voltado às demandas femininas é importante, pois, além de promover a desconstrução da cultura, promovem diferentes incursões na vida de cada uma, atingindo todas as dificuldades enfrentadas pelas mulheres, vítimas de crimes domésticos e familiares. Devido aos danos decorrentes das inúmeras formas de violências, a intervenção assistencial, médica ou psicológica se mostra necessária para o apoio e encaminhamento para o desenvolvimento das atividades que desvencilham das opressões.

[261] BRASIL. Presidência da República. Secretaria Especial de Políticas para as Mulheres. Política Nacional de Enfrentamento à Violência contra as Mulheres. Brasília, 2004. Recuperado de: https://www.defensoria.sp.def.br/dpesp/Repositorio/41/Documentos/politica-nacionalenfrentamento- a-violencia-versao-final.pdf. Acesso em: 13 nov 2020.

[262] FÓRUM NACIONAL DE JUÍZES DE VIOLÊNCIA DOMÉSTICA E FAMILIAR CONTRA A MULHER. Leituras de direito: **violência doméstica e familiar contra a mulher**. Natal. 2017. Disponível em https://www.amb.com.br/fonavid/files/livro-fonavid.pdf. Acesso em 18 nov. 2020.

A intervenção psicológica é fundamental para o acolhimento e enfrentamento de cada demanda. Visa, essencialmente, resolver problemas voltados ao alcance da liberdade e autonomia feminina dentro de cada contexto social. Promove atendimentos voltados ao autocuidado, ao bem-estar, ao fortalecimento de suas próprias atribuições, por meio de ações e informações, de modo a ampliar a consciência da situação em que está inserida e a identificar novas formas de compensação e enfretamento da situação de risco.

O número de mulheres em situação de risco é imensurável e, muitas delas, nem percebem, em razão da naturalização das culturas. Contudo, como visto alhures, esses relacionamentos violentos comprometem as relações interpessoais, especialmente no âmbito familiar. Os trabalhos desenvolvidos pelos psicólogos dos grupos reflexivos para mulheres apontam como deve desenvolver uma linguagem não-violenta por meio de um espaço de confiança e pertencimento, de modo beneficiar todos os interlocutores para as dinâmicas estabelecidas em cada encontro. As ações promovidas pelo grupo fortalecem as habilidades, contribuem para o resgate de princípios, valores e desejos, reconstruindo a autoestima e os projetos de vida, tornando-as protagonistas de seus destinos, além de voltarem para a saúde mental e o bem-estar.

Os psicólogos tornam-se os principais protagonistas nessa missão. Ao acolherem um grupo de mulheres que passaram por diversas formas de violências e, ao mesmo tempo, estabelecer um ciclo de confiança entre todas, faz com que as vivências sejam compartilhadas. Essa sororidade estabelece um liame de empatia e solidariedade entre as mulheres, fazendo com que estimulem, umas as outras, a tomarem decisões que pensavam ser impossíveis antes do atendimento, especialmente quando dividem suas angústias e dores (dororidade)[263]. Isso faz com que o alcance da liberdade se torne mais fácil, notadamente após desenvolver transtorno de estresse pós-traumático. Nesse espaço de escuta e fala qualificadas, as mulheres revivem a dor ao apresentar as vivências, refletem sobre a culpa dos eventos danosos, afloram os estados emocionais, dividindo com todos os participantes do grupo, transformando suas dificuldades em motivos para enfrentar as adversidades familiares e sociais.

[263] MENDES, Soraia da Rosa. **Processo Penal Feminista**. 1ª edição. São Paulo: Atlas, 2020. Pág. 50.

Por certo, as dinâmicas em grupo psicoeducativo discutem os fatores de risco, especialmente provindo do machismo, patriarcalismo, aborda as questões de gênero e as teorias feministas de equidade, com enfoque nas diferenças de raça, cor, etnia, religião, identidade, feminilidade etc., como fatores que individualizam a percepção da violência. Com isso, as tarefas desenvolvidas em grupo abordam muitas temáticas relevantes para o desenvolvimento da mulher, independente de classe, opção, educação etc. Entretanto, quando necessário um atendimento individualizado, em razão das especificidades, serão encaminhados para uma abordagem diferenciada, visando descobrir e resolver os pontuais problemas.

Além da intervenção psicológica, a assistência social em favor da mulher consegue conferir maior acesso ao exercício de seus direitos. Por exemplo, ao se utilizar mecanismos de contenção da violência intrafamiliar pela diminuição da dependência financeira entre vítima e agressor, tem-se a emancipação adequada. Isso pode ser realizada pela profissionalização e pela obtenção de local de trabalho. A assistência social realiza projetos para criação e desenvolvimento de atividades educacionais e profissionalizantes, visando encontrar locais de trabalhos e diminuição da dependência com o agressor.

Em situações mais perigosas, é importante a implementação eficaz da rede e de programas de proteção à vítima (rede de enfrentamento), distanciando-a do agressor, mas sem deixá-la à míngua da própria sorte. É cediço que, em regra, utilizam-se as medidas protetivas de distanciamento, proibição de contato e proibição de retorno do ofensor ao lar conjugal, ficando ao encargo da mulher o monitoramento do agressor como forma de sua defesa, em que pese a eficiência do monitoramento eletrônico. Contudo, o distanciamento do ofensor torna-se difícil quando muitas ainda dependem financeiramente do agressor. Por óbvio, as medidas protetivas podem perder força quando há essa dependência financeira entre os envolvidos. A assistência social deve agir nesse contexto para garantir a liberdade da vítima e a efetiva proteção, de modo a dar-lhe amparo necessário e a evitar a reaproximação dos envolvidos em decorrência da dependência financeira.

A casa-abrigo oferecida à mulher é um apoio já existente em algumas regiões e promovem o acolhimento de vítimas em situação de grave risco. Contudo, pode-se fazer mais. As leis 9.807/97 e 11.340/06 têm previsões expressas de assistências para diminuir aquela dependência. A lei Maria da Penha prevê as seguintes medidas assistenciais:

DA ASSISTÊNCIA À MULHER EM SITUAÇÃO DE VIOLÊNCIA DOMÉSTICA E FAMILIAR

Art. 9º A assistência à mulher em situação de violência doméstica e familiar será prestada de forma articulada e conforme os princípios e as diretrizes previstos na Lei Orgânica da Assistência Social, no Sistema Único de Saúde, no Sistema Único de Segurança Pública, entre outras normas e políticas públicas de proteção, e emergencialmente quando for o caso.

§ 1º O juiz determinará, por prazo certo, a inclusão da mulher em situação de violência doméstica e familiar no cadastro de programas assistenciais do governo federal, estadual e municipal.

§ 2º O juiz assegurará à mulher em situação de violência doméstica e familiar, para preservar sua integridade física e psicológica:

I – acesso prioritário à remoção quando servidora pública, integrante da administração direta ou indireta;

II – manutenção do vínculo trabalhista, quando necessário o afastamento do local de trabalho, por até seis meses.

III – encaminhamento à assistência judiciária, quando for o caso, inclusive para eventual ajuizamento da ação de separação judicial, de divórcio, de anulação de casamento ou de dissolução de união estável perante o juízo competente.

§ 3º A assistência à mulher em situação de violência doméstica e familiar compreenderá o acesso aos benefícios decorrentes do desenvolvimento científico e tecnológico, incluindo os serviços de contracepção de emergência, a profilaxia das Doenças Sexualmente Transmissíveis (DST) e da Síndrome da Imunodeficiência Adquirida (AIDS) e outros procedimentos médicos necessários e cabíveis nos casos de violência sexual.

§ 4º Aquele que, por ação ou omissão, causar lesão, violência física, sexual ou psicológica e dano moral ou patrimonial a mulher fica obrigado a ressarcir todos os danos causados, inclusive ressarcir ao Sistema Único de Saúde (SUS), de acordo com a tabela SUS, os custos relativos aos serviços de saúde prestados para o total tratamento das vítimas em situação de violência doméstica e familiar, recolhidos os recursos assim arrecadados ao Fundo de Saúde do ente federado responsável pelas unidades de saúde que prestarem os serviços

§ 5º Os dispositivos de segurança destinados ao uso em caso de perigo iminente e disponibilizados para o monitoramento das vítimas de violência doméstica ou familiar amparadas por medidas protetivas terão seus custos ressarcidos pelo agressor

...

§ 7º A mulher em situação de violência doméstica e familiar tem prioridade para matricular seus dependentes em instituição de educação básica mais próxima de seu domicílio, ou transferi-los para essa instituição, mediante a apresentação dos documentos comprobatórios do registro da ocorrência policial ou do processo de violência doméstica e familiar em curso.

Ao analisar o dispositivo acima da Lei Maria da Penha, visualiza-se a importância da assistência social. Essa equipe deve se empenhar para concretizar a lei para dar alcance ao que legalmente se estabelece. Por exemplo, tratando-se de vítima servidora pública na ativa, deve realizar os atos necessários para se efetivar a remoção. No que tange à manutenção do vínculo empregatício ativo, deve buscar INSS para a percepção da remuneração e manutenção do vínculo empregatício. Para as orientações jurídicas, pode realizar o encaminhamento para a Defensoria Pública. Para dar um suporte tranquilizador de ameaças, o Estado deve criar dispositivos de segurança para que a vítima possa ter ciência da localização do seu agressor.

Noutro giro, caso a vítima não perceba qualquer remuneração, a referida lei ainda prevê o pagamento da pensão alimentícia suportado pelo próprio ofensor, no art. 22, inciso V, da lei 11340/06. Mas essa não é uma previsão satisfativa de tentativa de independência financeira entre o ofensor e a vítima, já que, de fato, mantém-se o vínculo financeiro. Pode-se consignar que, para dar efetividade à independência e à autonomia, em casos de extrema gravidade, a lei 9.807/99, que estabelece normas para a organização e a manutenção de programas especiais de proteção a vítimas e a testemunhas ameaçadas, traz outras normas de proteção à vítima e incidente ao tema proposto. Quando coagidas, as vítimas, inclusive de violência doméstica, podem se socorrer à referida lei, dependendo, por óbvio, da vontade política orçamentária estatal para a efetiva implementação. Entre diversas medidas, essa lei garante à vítima um valor dado pelo Estado para garantir a sua sobrevivência. Compete-nos transcrever para melhor compreensão da abrangência da atenção e estabilização da independência financeira, à custa do Estado. Vejamos:

> Art. 1º As medidas de proteção requeridas por vítimas ou por testemunhas de crimes que estejam coagidas ou expostas a grave ameaça em razão de colaborarem com a investigação ou processo criminal serão prestadas pela União, pelos Estados e pelo Distrito Federal, no âmbito das respectivas competências, na forma de programas especiais organizados com base nas disposições desta Lei.
>
> Art. 2º A proteção concedida pelos programas e as medidas dela decorrentes levarão em conta a gravidade da coação ou da ameaça à integridade física ou psicológica, a dificuldade de preveni-las ou reprimi-las pelos meios convencionais e a sua importância para a produção da prova.
>
> § 1º A proteção poderá ser dirigida ou estendida ao cônjuge ou companheiro, ascendentes, descendentes e dependentes que tenham convivência habitual com a vítima ou testemunha, conforme o especificamente necessário em cada caso.
>
> ...
>
> Art. 7º Os programas compreendem, dentre outras, as seguintes medidas, aplicáveis isolada ou cumulativamente em benefício da pessoa protegida, segundo a gravidade e as circunstâncias de cada caso:
>
> I – segurança na residência, incluindo o controle de telecomunicações;
>
> II – escolta e segurança nos deslocamentos da residência, inclusive para fins de trabalho ou para a prestação de depoimentos;
>
> III – transferência de residência ou acomodação provisória em local compatível com a proteção;
>
> IV – preservação da identidade, imagem e dados pessoais;
>
> **V – *ajuda financeiramensal* para prover as despesas necessárias à subsistência individual ou familiar, no caso de a pessoa protegida estar impossibilitada de desenvolver trabalho regular ou de inexistência de qualquer fonte de renda; (grifo nosso)**
>
> VI – suspensão temporária das atividades funcionais, sem prejuízo dos respectivos vencimentos ou vantagens, quando servidor público ou militar;
>
> VII – apoio e assistência social, médica e psicológica;
>
> VIII – sigilo em relação aos atos praticados em virtude da proteção concedida;

> IX – apoio do órgão executor do programa para o cumprimento de obrigações civis e administrativas que exijam o comparecimento pessoal.
>
> Parágrafo único. A ajuda financeira mensal terá um teto fixado pelo conselho deliberativo no início de cada exercício financeiro.
>
> ...
>
> Art. 11. A proteção oferecida pelo programa terá a duração máxima de dois anos.
>
> Parágrafo único. Em circunstâncias excepcionais, perdurando os motivos que autorizam a admissão, a permanência poderá ser prorrogada.
>
> ...

Dessa feita, a eventual inclusão no programa de proteção à vítima poderá proporcionar medidas satisfatórias, quando a mulher se encontrar numa situação de grave risco para com o ofensor. Com a devida previsão orçamentária estatal, a assistência financeira diminui da vítima a sua condição de vulnerabilidade e lhe dá certa efetividade para a fuga do perigo e mais liberdade e autonomia, inclusive com possibilidade de transferência de residência, proteção da polícia, alteração de nome e ajuda financeira mensal, quando se tratar de casos extremamente graves. Nesse tipo de situação, opera o abrandamento da vulnerabilidade das mulheres, na medida em que reduz o grau de dependência e ligação entre certas vítimas e agressores, tornando, decerto, mais fácil a resolução de alguns problemas. Para isso, importante é o papel da assistência social ao acolher a vítima e, ao mesmo tempo, cindir o liame existente entre esta e o agressor.

A assistência à saúde, realizada por médicos de todas as especialidades, também é medida que se impõe para a composição da rede de atendimento, especialmente quando vítimas de crimes que marcam as mulheres, em seu âmago. Crimes, como estupro, deixam marcas indeléveis, de modo que o atendimento médico, em todas as especialidades, é necessário para o tratamento desse episódio, de modo a garantir uma mínima reabilitação. Atendimentos ginecológicos, psiquiátricos e psicológicos são indispensáveis para esses casos. Os traumas no corpo e na alma de mulheres violentadas devem receber o tratamento médico adequado para o abrandamento. Existem certas lesões que traumatizam de forma tão grave, de modo a necessitar de um tratamento psiquiátrico.

O ideal é que a mulher encontre todos esses serviços, voltados ao atendimento, em um só local, como o projeto Casa da Mulher Brasileira propõe. Nesses espaços, dentro do possível, mostra-se importante a existência de uma equipe apta a acolher e passar confiança durante todo o atendimento. Os espaços dedicados às mulheres, vítimas de violência doméstica, faz com que essas busquem todo o amparo no mesmo lugar e, ao mesmo tempo, sintam-se acolhidas para compartilhar as dificuldades. Com isso, a equipe terá maiores elementos para uma perfeita incursão no problema, apresentando boas práticas para a sua solução.

Além da rede de acolhimento, necessário o aparelhamento da rede de enfrentamento da violência a ser concedido para as mulheres, como o serviço da polícia militar, para uma intervenção imediata ou visitas a sua casa; a existência de delegacia de polícia civil, com agentes preparados para a escuta da vítima, de modo a evitar a revitimização; o atendimento médico-legal para a devida constatação do episódio criminal; o atendimento especializado pela promotoria de justiça e defensoria pública, para todas as demandas jurídicas e; o atendimento judicial célere para a imposição das medidas protetivas e cautelares necessárias à contenção da violência e diminuição dos riscos.

Toda a rede, bem aparelhada, destinada a oferecer o acolhimento da mulher e o enfrentamento da violência, faz com que, de fato, diminua os fatores de riscos. Todos os atores devem estar imbuídos desse espírito para se conseguir promover um bem-estar social e um ambiente mais seguro para as mulheres.

> Desta forma, é de se esperar de uma rede de serviços que se proponham as tarefas de identificação, orientação, prevenção e erradicação que não se articule num fluxo único, mas que comporte múltiplos fluxos internos, a fim de enfrentar tanto as causas identificadas como estruturais, que contribuem para a manutenção das práticas de violência, quanto integrar os serviços para atendimento das mulheres que sofreram agressões físicas e sexuais.[264]

Além do aparelhamento estatal necessário, a boa formação da equipe de acolhimento deve ser feita, com reciclagem periódica. Infelizmente, muitos são os que não dão suporte à mulher, em razão da carga machista

[264] PASINATO, Wânia. **Enfrentamento da violência contra as Mulheres em Belo Horizonte**. In: Elcylene Leocadio; Marlene Libardoni (Orgs.). Brasília: Agende/SPM. 2006.

que carregam, durante o atendimento. Não é novidade que muitas mulheres sofrem discriminação e preconceitos dentro das Instituições, inclusive criadas para a defesa da mulher. Por isso, para garantir a confiança dos trabalhos, o bom acolhimento por todos os atores é primordial. De certo, facilita ainda mais o acolhimento por todas as demais equipes que integram toda a rede. Não se trata de ser parcial, mas sim de se promover um atendimento especializado. A urbanidade e cordialidade devem ser empregadas em todos os atendimentos, seja para quem for. É dever do profissional e funcional. O que se rechaça é não promover o devido atendimento em razão do preconceito.

Após quase duas décadas de aparelhamento e implementação de política criminal para casos de violência doméstica e familiar contra mulher, muitas coisas foram realizadas, mas muitas ainda precisam ser feitas ou transformadas. Essa específica criminalidade deve ser observada com outros olhos, diferente do enfretamento comum da criminalidade de rua, sob pena de perpetuação do ciclo de violência e do fracasso do Estado contra essa situação. A sociedade deve pensar em alternativas que erradiquem o conflito que existe há muito tempo. As conquistas, mediante agressividade positiva, realizadas pelos movimentos femininos, transformam, a cada dia, a sociedade mais equânime, embora a duras penas. Essas glórias são obtidas com o empoderamento da mulher, ao lhe conferir respeito e autonomia.

É óbvio que o ideal fosse que nada disso existisse. Que a sociedade fosse justa e longe dos modelos estabelecidos. Contudo, a realidade nos impõe os desafios para serem superados, inclusive por meio de criação de instrumentos necessários para isso. Como resultado dessas medidas, tem-se o equilíbrio dos gêneros. O acesso da mulher ao mercado de trabalho, que se mostra uma das ferramentas mais importantes para se alcançar a autonomia e, ao mesmo tempo, livrarem-nas das dependências. Devido à exclusão do trabalho e dos mesmos direitos trabalhistas, grandes manifestações feministas aparecem com diversas pautas de reivindicações e, entre elas, a da inserção no mercado de trabalho em condições equânimes aos dos homens (movimento feminista classista). O mercado de trabalho, sob molde capitalista, mantém o padrão hegemônico, porquanto criado dentro da cultura machista e patriarcal, contribuindo para a perpetuação da exclusão e do afastamento da autonomia financeira da mulher. Essas condições de trabalho são confrontadas pelas lutas feministas, mediante reivindicações de cada direito, passadas por meio desses atendimentos reflexivos.

Sabemos que no âmbito do mercado, apesar da existência formal de leis protetoras de direitos trabalhistas, ainda remanesce a diferença entre as classes de trabalhadores, como ocorre com as mulheres que se inserem ou permanecem no mercado de trabalho em desiguais condições. Com o capitalismo, as relações sociais se coisificaram e produziram atos de extrema agressividade humana. A supremacia masculina criou para as mulheres as dificuldades de ingressar e permanecer no mercado, fruto do preconceito estabelecido pelos sistemas patriarcal e machista, ao determinar que lugar de mulher fosse dentro de casa, cuidando do marido, dos filhos e do lar. Muitos homens ainda pensam dessa maneira, devido as suas tóxicas masculinidades e, por isso, mantém a dependência econômica. Em relacionamentos abusivos, esse vínculo faz com que o ciclo da violência permaneça. Os grupos reflexivos atingem esse pensamento e desestruturam essas coisas.

Por isso, mister buscar mecanismos, jurídicos e extrajurídicos, mais eficientes e válidos para conter e/ou diminuir a violência de vulneráveis, na intenção de proporcionar melhores resultados práticos, uma vez que o atual modelo não se mostra satisfatório, porquanto claramente se visualiza a incidência da revitimização, em especial, com o atual entendimento legal e jurisprudencial. Desta maneira, deve-se implementar instrumentos outros de prevenção e contenção das agressões no ambiente familiar, com foco principal de evitar que a vítima seja novamente vitimizada pelo próprio processo penal, diante do desamparo estatal e do ofensor, bem como pela forma como são abordadas pelos atores de justiça, como ocorre demasiadamente em questões dessa natureza, quando deixa exclusivamente para o Direito Penal e Processual Penal clássicos a resolução da problemática.

Com isso, instrumentos de controle social, formais e informais, criminológicos ou não, devem ser utilizados, a fim de se encontrar algumas soluções para a contenção da violência no seio doméstico entre os vulneráveis, uma vez que o caminho que está a se seguir encontrará a frustração, se nada for alterado.

Certamente, o leitor deve ter em mente que este trabalho foi realizado e debatido no intuito de melhorar o sistema atual. Há muitas inquietações que merecem ser ajustadas, com enfoque diferenciado dos demais temas criminológicos, sem deles se distanciar, inclusive. Por isso, lança-se este desafio em busca de uma eficiente resposta aos casos de violência de vulneráveis, em vista da comprovada falência do modelo atual de mera persecução criminal. Como dito, a partir da lei nº 11.340/06, Lei Maria da Penha, a temática que envolve violência doméstica recebeu especial relevância acadêmica e prática, em vista da questão social, política, cultural e criminológica. Destarte, imperioso é encontrar o melhor recurso prático-teórico aplicável para evitar a ocorrência e a reincidência de atos violentos no seio familiar e evitar a revitimização da ofendida. Neste contexto, buscar-se-á os limites da norma, a fim de dar a efetiva e devida proteção contra a violência doméstica.

CONCLUSÕES

Como visto, o enfrentamento da violência doméstica e familiar contra a mulher não é e nem será tarefa fácil para a sociedade, especialmente para os atores da Justiça Criminal, que vêm se deparando com novas abordagens e formas judiciais de combate e erradicação dessa espécie criminal. Não se pode querer imaginar uma eficiente política pública, se não houver disposição e vontade dos práticos dessa matéria. As teorias embasam efetivamente os novos rumos a serem adotados, mas nada adiantará se ficar no papel. Para se efetivar, devem-se experimentar todos os meios possíveis de solução das mazelas sociais. Nesse ramo especializado, ainda novo no cenário jurídico brasileiro, muitas situações ainda irão aparecer e serão discutidas para a efetiva implementação e validação dos instrumentos.

Aqui, a esperança é lançar alternativa para melhoria do sistema de Justiça no enfretamento de violência doméstica, com a utilização de grupo reflexivo. Muitas estratégias criminais são adotadas no âmbito dos Juizados de Violência Doméstica que vem dando certo, como as medidas protetivas e cautelares, além de toda rede de apoio às mulheres e de enfrentamento à criminalidade de gênero, para uma incursão imediata no caso concreto. Contudo, as mulheres não estarão salvas e livres de toda violência, se não houver uma pronta atuação no fator principal que move o ciclo: a masculinidade tóxica. O trabalho que vem sendo destinado aos agressores de violência doméstica, em razão do que ainda consta na lei, bem como pelos entendimentos dos Tribunais Superiores, impendem ou obstam o atendimento especializado e eficiente dos envolvidos em situação de violência doméstica e familiar. A simples punição, que é branda, em nada muda o cenário causado pelo machismo e sexismo. Uma intervenção eficiente deve ser realizada por equipe multidisciplinar competente para levar as informações preciosas e as reflexões acerca dos comportamentos moldados por sistemas opressores. Querer mudar essa cultura somente por meio de penas é, de fato, antever a perpetuidade do ciclo de violência contra mulheres, já que a reprimenda penal não leva ao destinatário o real sentido de sua finalidade, nos moldes como se executam a mesma.

Além disso, a mera expectativa de uma retribuição é frustrada quando a vítima e o ofensor passam pelo sistema de Justiça Criminal e observam que ainda não têm espaço de escuta e fala qualificadas, de modo a se sentirem meros objetos processuais para cumprimento de um mister constitucional[265]. É dizer, observam que o juiz cumpre o seu papel de julgar, após ouvir as pessoas envolvidas, mas a efetiva satisfação mantém-se inexistente. As vítimas relatam a dor do fato e de estarem nas salas de audiências para, ao final, verificarem que na maioria os crimes domésticos, o verdadeiro ofensor não foi devidamente reprovado nem compreendeu as suas atitudes. O réu, por sua vez, indignado, por estar estigmatizado e sentindo-se injustiçado, não tem nenhum espaço de fala qualificada, resumindo-se em responder às perguntas formuladas pelas partes e pelo juiz acerca do evento criminoso, durante o seu interrogatório, sabendo que ao fim do processo a sua condenação é que se espera. Nesse momento, recebe uma condenação penal branda, mas com consequências nefastas para a sua vida e das pessoas que estão em sua volta, como a própria vítima e seus filhos.

Por óbvio, a ideia apresentada não porá fim, nem resolverá o problema social, e, por isso, espera-se críticas à hipótese apresentada, uma vez que muitos acreditam na eficiência do sistema punitivo[266]. Contudo, quando se está na lida diária de enfretamento à violência contra mulher, observa-se o fracasso da contenção criminal, em vista da grande parcela dos crimes serem de pequenas ou médias ofensividades (na classificação doutrinária) e que não oferecem as respostas mais interessantes e eficazes. Hoje, o que

[265] BOVINO, Alberto. *Ensayos.* ***Delitos sexuales y feminismo legal: [algunas] mujeres al borde de um ataque de niervos.*** Congresso Universitário de Criminologia. Chile. 1995.

[266] MARTÍN, María Ángeles Rueda. ***Los programas y/o tratamientos de los agresores em supuestos de violencia de gênero ¿Una alternativa eficaz a la pena de prisión?*** Editorial Dykinson. Madrid, 2007.

se observa é o controle informal dessa criminalidade específica. A mídia e a sociedade civil organizada fomentam, com razão, o discurso de ódio contra a violência doméstica, mas, por outro lado, estigmatizam todos os homens que se adentram nas delegacias e no Judiciário com a pecha de "ofensor de mulheres".

Não se olvida que falhas ainda existirão quanto ao modo de o Estado reagir, controlar e combater o crime, de modo que outros instrumentos, ainda não adotados ou pensados, surgirão e serão adotados. O que se apresenta, nesse texto, é que a participação obrigatória do homem em grupos reflexivos faz do processo penal o instrumento necessário para a reeducação e ressignificação. Curioso é que, da forma como proposta, a inclusão nos grupos reflexivos faz da medida um instrumento mais recrudescedor que a própria pena. A quantidade de encontros para a realização das tarefas determinadas pela equipe multidisciplinar, além da observância das demais condições impostas na suspensão condicional do processo e na transação, como sugerido acima, faz com que o cumprimento da pena se torne mais brando. Por isso, para aqueles que primam pelo recrudescimento do sistema judicial contra os ofensores de violência doméstica, há de se observar o efeito mais enérgico da proposta, do que a simples punição do ofensor.

Por outro lado, como efeito positivo – que é o escopo do trabalho –, tem-se a alteração do comportamento tóxico, quando há o cumprimento integral das condições impostas aos que aceitaram os acordos realizados dentro do sistema de Justiça Criminal. Com a participação efetiva dos ofensores nos grupos reflexivos, observa-se grande mudança comportamental em cada indivíduo que passa pelos trabalhos da equipe multidisciplinar. A título de curiosidade, o grupo RenovAÇÃO da Defensoria Pública do Distrito Federal já atendeu mais de oitenta beneficiários da transação e da suspensão condicional do processo, entre 2019 e 2021, quando respondiam por ações penais relativos aos crimes domésticos de pequeno e médio potencial ofensivos e encaminhados pelo Juizado de Violência Doméstica da circunscrição judiciária de Taguatinga-DF. Todos os homens que realizaram as atividades do grupo reflexivo realizado pela Subsecretaria de Atividade Psicossocial da Defensoria Pública do Distrito Federal não retornaram à delegacia ou ao Judiciário, na qualidade de ofensores de mulheres. Ou seja, não há relato na Justiça de reiteração das condutas dessa natureza. Interessante que, mesmo diante da pandemia do coronavírus, esse grupo continuou seus trabalhos, inovando com o formato virtual, sendo referência no Distrito Federal para outros grupos.

Essa experiência do grupo RenovAÇÃO é que tornou possível a verificação da hipótese, a partir do problema apresentado no âmbito da Justiça da Violência Doméstica. Com a observância empírica, tem-se uma hipótese consubstanciada em um conhecimento prático verificável, e distante de uma mera crença na proposta. Como isso tem sido difundido, mais juízes vêm buscando essa ferramenta para abordagem ao ofensor de violência doméstica, de modo a expandir o número de equipes multidisciplinares para enfrentamento dessa situação.

Para que isso seja possível, e se assim for o entendimento do leitor, mostra-se necessária a alteração legislativa para a constituição da segurança jurídica, seja para a fundamentação da concessão e homologação do acordo judicial, seja para a adoção e uniformização por parte de todos os Juizados de Violência Doméstica existentes em todo o país. Como visto, propõe-se a inclusão de dois dispositivos legais na lei protetiva, para nortear a aplicação dos institutos processuais penais, com vistas à inclusão dos envolvidos em violência de gênero no grupo psicoeducativo, cuja finalidade é atingir a maior causa da violência doméstica (a masculinidade tóxica),

Para as mulheres, a efetivação das disposições da lei Maria da Penha, como norma programática, consegue atingir e promover a equidade de gêneros, utilizando-se diversos segmentos da sociedade. No âmbito judicial, a Lei 11.340/06 e outras correlatas, conseguem abranger formalmente os ideais de justiça social, instrumentalizando todos os profissionais necessários para a abordagem do tema e da vítima. O que se vê, entretanto, como necessário, é a efetivação material daquelas disposições legais, para que, de fato, cumpra a missão constitucional de proteção à família e a coibição da violência. As medidas protetivas e de enfrentamento, bem como a rede de apoio, devem ser consolidadas para que as mulheres possam buscar um local de acolhimento, onde possam dividir suas dores e ter amparo das profissionais e de outras que se encontram na mesma situação. Nesse momento, a equipe multidisciplinar também deve promover atividades reflexivas para as mulheres, a fim de instruí-las acerca das masculinidades e feminilidades, voltando-se à identificação dos relacionamentos tóxicos e às formas de alcance de autonomia.

É óbvio que o acesso aos serviços e aos programas deve ser ampliado e divulgado para a conscientização de todas as pessoas e para o encorajamento das mulheres na busca desses serviços de apoio e proteção. Muitas vítimas ainda desconhecem a rede. Outras, que conhecem os serviços, têm medo ou receio das consequências. As que chegam ao sistema de justiça ou à rede de apoio também encontram dificuldades em razão do despreparo de alguns profissionais ou pela inexistência de alguns serviços. Embora muito já tenha sido feito, ainda há muito a se fazer. O Estado obrigou-se a combater e a reprimir todas as formas de violência contra a mulher, devendo, com isso, cumprir com a Convenção Internacional.

Nos delitos domésticos, cujas penas, em regra, sejam de um mês a um ano, a serem cumpridas em regime aberto, a possibilidade de uma escalada criminosa existirá, em razão da cultura naturalizada em nossa sociedade. Enfrentar o machismo, o patriarcalismo, o sexismo, a partir de uma epistemologia de gênero, faz diminuir a fereza do comportamento humano que deles emerge. A naturalização desses sistemas faz com que as atitudes humanas sejam despercebidas e que somente diante de uma reflexão séria é que faz com que haja a viragem social.

Por isso, já na seara judicial, o processo penal deve ganhar um rumo educativo para a ressignificação das pessoas. É lógico que o ideal não fosse por meio dele, mas sim por um grande pacto social. Mas isso ainda é uma utopia. Levaremos anos para alcançar uma conscientização da luta feminista, que visa transformar a sociedade mais justa e equilibrada.

Assim, devemos compreender a formação do ser e da sociedade a partir das masculinidades estabelecidas, para agir e enfrentar o desafio com coragem, instituindo novas técnicas diversas da simples punição, mesmo ciente das resistências. Para isso, a luta da mulher para alcançar a sua autonomia deve se fomentada e enaltecida por todos, e que, para tanto, a agressividade humana positiva venha para impulsionar a verdadeira transformação social e a legitimar a luta das mulheres, que visa o reconhecimento em prol da liberdade e equidade. Por isso, deve-se utilizar todos os segmentos sociais para difundir os ideais feministas, mas se os meios e medidas de conscientização falhar, deve-se utilizar os mecanismos judiciais para levar o devido conhecimento dos fatores de risco e de criminalidade familiar por meio de um processo penal psicoeducativo. Não se pode pensar que os mecanismos de combate à violência doméstica eminentemente punitivista apresentam uma solução inteiramente satisfatória, de modo a fechar os olhos para outros instrumentos intervencionistas que podem, sim, ser eficazes no combate a essa situação. Como dito, não se trata de buscar um discurso retórico abolicionista, mas deixar o direito penal como *ultima ratio*, devendo, no mínimo, experimentar e observar as novas técnicas de intervenção social e familiar para se buscar um resultado mais proveitoso.

Esses projetos conduzem a uma boa prática e viável como forma de compatibilizar os direitos do acusado, os direitos das mulheres, as formas de incursão nos fatores da violência, a resolução do feito de modo mais vantajoso e buscar uma efetiva mudança de postura social. A abordagem por meio de um processo penal psicoeducativo dá uma possibilidade efetiva de diminuir a fereza do comportamento humano, propulsor da violência. Sem pretender destituir outras formas de resolução, como a Justiça Restaurativa ou o processo penal punitivo, no âmbito da violência doméstica e familiar há espaço para uma intervenção multidisciplinar, bastando, para tanto, de vontade política e dos atores desse segmento.

Assim, acredita-se que a uniformização desse processo penal educativo a todos os envolvidos em violência doméstica oferece segurança jurídica, na medida em que se dará um fundamento para um tratamento isonômico dos jurisdicionados no país e, ao mesmo instante, uma expansão dos trabalhos dos grupos reflexivos dentro do processo penal, uma vez que os já existentes colhem excelentes resultados nessa seara. Assim, espera-se que esse trabalho venha a contribuir para o cenário jurídico processual para, pelo menos, ampliar o espaço dessa discussão, a fim de verificar a hipótese apresentada como uma provável solução ao problema apresentado.

REFERÊNCIAS

ABRANTES. Elizabeth Sousa. **O dote e a moça educada: mulher, dote e instrução em São Luis na Primeira República.** Tese de doutorado. UFF. Niterói. 2010.

ACOSTA, Fernando. *et al.* **Conversas homem a homem***:* grupo reflexivo de gênero: metodologia. – Rio de Janeiro: Instituto Noos, 2004.

ALMEIDA, Thiago de. **O ciúme e suas consequências para os relacionamentos amorosos.** Curitiba: Ed. Certa, 2007.

ANDRADE, Joana El-Jaick. **O feminismo marxista e a demanda pela socialização do trabalho doméstico e do cuidado com as crianças.** Revista Brasileira de Ciência Política, nº18. Brasília, setembro – dezembro de 2015.

ANDRADE, Vera Regina Pereira de. **Sexo e gênero: a mulher e o feminino na criminologia e no sistema de justiça criminal.** Texto originariamente apresentado no painel "O Sistema de Justiça criminal no tratamento da violência contra a mulher", no 9º Seminário Internacional do IBCCrim e publicado na Revista alusiva ao Seminário (REVISTA BRASILEIRA DE CIÊNCIAS CRIMINAIS, n. 48, p. 260-90, maio/jun). 2004.

ARZAMENDI, José Luis De La Cuesta. ***De La política penal hacia uma política victimológica (¿y criminal?): el caso de la violencia doméstica.*** *Estudios de Victimología. Tirant Criminología y Educación Social. Serie mayor. Diputació de Lleida.* Espanha. 2004.

AVENA, Norberto Cláudio Pâncaro. **Processo Penal Esquematizado.** São Paulo: Método, 2009.

ÁVILA, Humberto. **Teoria da prova: *standards* de prova e os critérios de solidez da inferência probatória.**Revista de Processo. vol. 282. ano 43. p. 113139.São Paulo: Ed. RT, agosto 2018.

BANDURA, A. ***Pensamiento y acción****:fundamentos sociales*. Barcelona-España: Martínez Roca, 1987.

BARDON. Carolina Bolea. ***En los limites Del derecho penal frente a La violencia domestica y de género.*** Revista Electrónica de Ciencia Penal y Criminología. Disponível em <http://criminet.ugr.es/recpc/09/recpc09-02.pdf> acesso em 12 jan 2021.

BEIRAS, Adriano. **Metodologia de grupos reflexivos de gênero** / Adriano Beiras, Alan Bronz. – Rio de Janeiro: Instituto Noos, 2016.

_____. **Relatório mapeamento de serviços de atenção grupal a homens autores de violência contra mulheres no contexto brasileiro.** Rio de Janeiro: Instituto Noos e Instituto Promundo, 2014.

_____. **Programas de atenção a homens autores de violência contra as mulheres: um panorama das intervenções no Brasil**. In: *Saúde soc.*, São Paulo, v. 28, nº 1, p. 262-274, Mar. 2019. Disponível em: <http://www.scielo.br/scielo.php?script=sci_arttext&pid=S0104-12902019000100019&lng=en&nrm=iso>. Acesso em: 16/01/2021.

BEIRAS, A., Moraes, M., Alencar-Rodrigues, R. e Cantera, L. M. **Políticas e leis sobre violência de gênero – reflexões críticas**. *Universidad Autónoma de Barcelona,* Barcelona, Espanha. Disponível em: https://www.scielo.br/scielo.php?script=sci_arttext&pid=S0102-71822012000100005. Acesso: 21 abr. 2021.

BIANCHINI, Alice. **Prisão preventiva de ofício na Lei Maria da Penha: posição favorável.** Artigo disponível emhttp://www.cartaforense.com.br/conteudo/artigos/prisao-preventiva-de-oficio-na-lei-maria-da-penha-posicao-favoravel/18147. Acesso em 20 nov 2020.

BLAY, Eva Alterman. **Feminismos e masculinidades: novos caminhos para enfrentar a violência contra a mulher.** 1ª Edição. São Paulo: Cultura Acadêmica, 2014.

BORGES, Clara Maria Roman e outro**. O machismo no banco dos réus.** Uma **análise feminista crítica da política criminal brasileira de combate à violência contra a mulher.** Revista da faculdade de direito – UFPR, Curitiba, vol. 60, n. 3, set./dez. 2015, p. 217-247.

BOURDIEU, Pierre. **A dominação masculina**. 2ª edição. Tradução: Maria Helena Kühner. Bertrand Brasil. Rio de Janeiro. 2002.

BOVINO, Alberto. ***Ensayos. Delitos sexuales y feminismo legal: [algunas] mujeres al borde de um ataque de niervos.*** Congresso Universitário de Criminologia. Chile. 1995.

BRASIL, Deilton Ribeiro. **A justiça restaurativa como alternativa no tratamento de conflitos na administração da justiça penal.** Revista Jurídica e-ISSN: 2316-753X. v. 3, n. 40. 2015.

BRASIL. Ministério da Saúde. Secretaria de Políticas de Saúde. **Violência intrafamiliar: orientações para prática em serviço / Secretaria de Políticas de Saúde.** – Brasília: Ministério da Saúde, 2001.

BRASIL. Presidência da República. **Secretaria Especial de Políticas para as Mulheres. Política Nacional de Enfrentamento à Violência contra as Mulheres.** Brasília, 2004. Recuperado de: https://www.defensoria.sp.def.br/dpesp/Repositorio/41/Documentos/politica-nacionalenfrentamento- a-violencia-versao-final.pdf. Acesso em: 13 de novembro de 2020.

BURILLE, Celma Faria de Souza. **O papel das mulheres na organização do espaço social na sociedade colonial.** Oficina do DEB Itinerante. 2010. Disponível em:. Acesso em: 10 out. 2020. Revista Maiêutica, Indaial, v. 3, n. 1, p. 19-30, 2015.

CAMPOS, Kátia Maria Nunes. **Mulheres coloniais: Esposas e concubinas numa sociedade escravista.** Trabalho apresentado no XVII Encontro Nacional de Estudos Populacionais, realizado em Caxambu- MG – Brasil, de 20 a 24 de setembro de 2010. Disponível em: Acesso em: 23 out. 2014.

CARVALHO FILHO, Silvio de Almeida. **A Masculinidade em Connell: os mecanismos de pensamento articuladores de sua abordagem teórica**. Disponível em: http://encontro2008.rj.anpuh.org/resources/content/anais/1212953291_ARQUIVO_ComunicacaoSilviodeAlemeidaCarvalhoFilho.pdf. Acesso em 20 mar. 2021.

CERQUEIRA, Daniel e outros. **Participação no mercado de trabalho e violência doméstica contra as mulheres no brasil**. Texto para discussão / Instituto de Pesquisa Econômica Aplicada. Brasília: Ipea, Rio de Janeiro, agosto de 2019. Disponível em https://www.ipea.gov.br/atlasviolencia/arquivos/artigos/9705--td2501.pdf. Acesso em 21 abr 2021.

CHEIM. Érika Oliveira Amorim Tannus. **Mulher e patriarcado. Violência de gênero contra a mulher em Carangola – MG (2006-2018).** Tese apresentada ao Programa de Pós-Graduação em História Social das Relações Políticas da Universidade Federal do Espírito Santo, como requisito para obtenção do título de Doutora em História, na área de concentração Sociedade e Movimentos Políticos. Orientadora: Profª. Dr.ª Maria Beatriz Nader. VITÓRIA. 2019.

CONVENÇÃO DE BELÉM DO PARÁ, de 09 de junho de 1994. Disponível em http://www.cidh.org/ Basicos/Portugues/m.Belem.do.Para.htm. Acesso em 16 ago. 2020.

CONNELL, Robert W. e outro. **Masculinidade hegemônica: repensando o conceito.** Rev. Estud. Fem. vol.21. no.1 Florianópolis. Jan./abr. 2013. Disponível em https://doi.org/10.1590/S0104-026X2013000100014. Acesso em 19 mar 2021.

CONSTITUIÇÃO DA REPÚBLICA FEDERATIVA DO BRASIL DE 1988. Disponível em http://www.planalto.gov.br/ccivil_03/constituicao/constituicao.htm. Acesso em 20 set. 2020.

DE BEAUVIOR, Simone. **O segundo sexo. Fatos e mitos.** Vol. 1. 4ª edição. Tradução de Sérgio Milliet. Capa de Fernando Lemos. Editora Difusão Europeia do Livro. São Paulo. 1970.

_____. **O segundo sexo. A experiência vivida**. Vol. 2. 2ª edição. Tradução de Sérgio Milliet. Capa de Fernando Lemos. Editora Difusão Europeia do Livro. São Paulo. 1967.

DELZIOVO, Carmem Regina e outros. **Atenção a homens e mulheres em situação de violência por parceiros íntimos. Atenção a homens e mulheres em situação de violência**. Florianópolis-SC, UFSC. 2014. Disponível em https://ares.unasus.gov.br/acervo/html/ARES/1881/1/M%C3%B3dulo%20Aten%C3%A7%C3%A3o.pdf. Acesso em 18 fev 2021.

DIAS Elsa Oliveira. **Winnicott: agressividade e teoria do amadurecimento.** Natureza humana. v.2 n.1 São Paulo jun. 2000. Disponível em: http://pepsic.bvsalud.org/scielo.php?script=sci_arttext&pid=S1517-24302000000100001. Acesso em 21 mar 2021.

ENGEL, Címtia Liara. **A violência contra a mulher**. Dados obtidos no IPEA. Disponível em: https://www.ipea.gov.br/retrato/pdf/190215_tema_d_a_violenca_contra_mulher.pdf. Biênio 2015-2016. Acesso em 21 abr 2021.

Exposição de motivos da Lei Maria da Penha. Disponível em http://www.planalto.gov.br/ccivil_03/Projetos/EXPMOTIV/SMP/2004/16.htm. Acesso em 28 ago. 2020.

FONSECA, Arilton Martins, e outros. **Padrões de violência domiciliar associada ao uso de álcool no Brasil**. Rev. Saúde Pública. São Paulo. 2009.

FÓRUM NACIONAL DE JUÍZES DE VIOLÊNCIA DOMÉSTICA E FAMILIAR CONTRA A MULHER. Leituras de direito: **violência doméstica e familiar contra a mulher**. Natal. 2017. Disponível em https://www.amb.com.br/fonavid/files/livro-fonavid.pdf. Acesso em 18 nov. 2020.

FREITAS, Lucia Barros. ***Discriminación sexista y otras formas de violência estructural e institucional contra La mujer.*** *Universidad Carlos III de Madrid. Instituto de Derechos Humanos Bartolomé de las Casas Doctorado em Derecho. Programa Derechos Fundamentales. Tesis doctoral.* Madrid, 2004.

GOUGES, Olympe de. **Declaração dos Direitos da Mulher e da Cidadã.** Disponível em http://www.direitoshumanos.usp.br/index.php/Documentos-anteriores-%C3%A0-cria%C3%A7%C3%A3o-da-Sociedade-das-Na%C3%A7%C3%B5es-at%C3%A9-1919/declaracao-dos-direitos-da-mulher-e-da-cidada-1791.html. Acesso em 25 abr. 2020.

GÖSSEL, Annemarie. ***El alejamiento del domicilio familiar Del agresor em El derecho alemán. La violencia doméstica y los atuales intentos legislativos para su contención.*** *Revista Del Derecho Privado, Nueva Época. Año 1. España 2002.*

HOOKS, Bell. **O feminismo é para todo mundo: políticas arrebatadoras**. Tradução de Ana Luíza Libânio. Editora Rosa dos Ventos, 2018.

HULSMAN, Louk et al. ***Criminología Crítica y control social 1 – El poder punitivo del Estado.*** Editorial *Iuris*. Argentina, 1993.

JUNQUEIRA. Patrícia Vanzolini e Gustavo. **Manual de direito penal: parte geral** –4ª Ed., São Paulo. Saraiva. 2018.

Lei nº 11.340/06. Disponível em http://www.planalto.gov.br/ccivil_03/_Ato2004-2006/2006/Lei/L11340.htm. Acesso em 16 ago. 2020.

LARRAURI, Elena. ***Criminología crítica y violência de gênero***. Editorial Trotta. 2ª edição. Espanha. 2018.

LIMA, Andréa Pereira de. **O modelo estrutural de Freud e o cérebro: uma proposta de integração entre a psicanálise e a neurofisiologia.** Rev. psiquiatr. clín. vol.37. no.6. São Paulo. 2010.

LOPES JR, Aury. **Direito Processual Penal**. 9ª ed., rev. e atual., São Paulo, Ed. Saraiva, 2012.

LOPES, Nirleide Dantas. **A violência contra a mulher no capitalismo contemporâneo: opressão, exploração e manutenção do sistema.** Seminário Internacional Fazendo Gênero *11 & 13th Women's Worlds Congress* (Anais Eletrônicos), Florianópolis, 2017, ISSN 2179-510X.

LUXEMBURG, Rosa. **A acumulação do capital**. Estudo sobre a interpretação econômica do imperialismo. Tradução de Moniz Bandeira. Zahar Editores. Rio de Janeiro. 1970.

MACHADO, Lia Zanotta. **Masculinidades e Violências. Gênero e mal-estar na sociedade contemporânea**. Série Antropologia. 290. Brasília. 2001.

MARTÍNEZ, Alejandrina Ortiz. ***Violencia domestica: modelo multidimensional y programa de intervención.*** *Tesis presentada para la obtención del grado de doctor por La Universidad Complutense de Madrid. Bajo la dirección del Doctor: Emilio García García. Madrid, 2005.*

MARTÍN, María Ángeles Rueda. ***Los programas y/o tratamientos de los agresores em supuestos de violencia de gênero ¿Una alternativa eficaz a la pena de prisión?*** Editorial Dykinson. Madrid, 2007.

MARTINS, Daniel Fauth Washington. **Desarmando masculinidades: uma análise crítica da experiência dos grupos para autores de violência doméstica no Estado do Paraná**. – Curitiba, 2020. Disponível em: https://www.prppg.ufpr.br/siga/visitante/trabalhoConclusaoWS?idpessoal=78432&idprograma=40001016017P3&anobase=2020&idtc=127.

MEDEIROS, Katruccy Tenório e outras. **Representações sociais do uso e abuso de drogas entre familiares de usuários.** Psicol. estud. vol.18, no.2, Maringá Apr./June 2013. ISSN 1413-7372.

MEDRADO, Benedito; NASCIMENTO, Marcos; LYRA, Jorge. **Os feminismos e os homens no contexto brasileiro: provocações a partir do encontro.** 13º Fórum Internacional AWID. In: *Ciênc. saúde coletiva*, Rio de Janeiro, v. 24, nº 2, p. 603-608. Fev. 2019. Disponível em: <81232019000200603&lng=en&nrm=iso>. Acesso em: 16/01/2021.

MELHEM, Patrícia Manente e outra. **A coisificação da mulher e o reforço da negação da vitimização: retorno à "lógica da honestidade"?.** Artigo publicado em https://editora.pucrs.br/anais/cienciascriminais/IV/43.pdf. Acesso em 20 out 2020.

MELO, Silvana Cristina Cruz e. **Escravidão Contemporânea e Dignidade da Pessoa Humana.** Dissertação (Mestrado em Direito) – Centro de Ciências Sociais Aplicadas da Universidade Estadual do Norte do Paraná. Programa de Mestrado em Ciência Jurídica. Jacarezinho. 2010.

MENDES, Deise Daniela e outros. **Estudo de revisão dos fatores biológicos, sociais e ambientais associados com o comportamento agressivo.** Departamento de Psiquiatria, Universidade Federal de São Paulo (UNIFESP), Rev. Bras. Psiquiatr. vol.31. supl. 2. São Paulo. Oct. 2009. *Print version* ISSN 1516-4446. *On-line version* ISSN 1809-452X.

MENDES, Soraia da Rosa. **Processo Penal Feminista.** 1ª edição. São Paulo: Atlas, 2020.

MENEZES, Pedro. **Machismo e feminismo**. Artigo publicado e disponível em https://www.diferenca.com/machismo-e-feminismo/. Acesso em 23 out. 2020.

MIÑOSO, Yuderkys Espinosa. ***De por qué es necesario un feminismo descolonial: diferenciación, dominación coconstitutiva de la modernidad occidental y el fin de la política de identidad.*** *Revista de Filosofía Iberoamericana,* Dossier Epistemologias feministas latinoamericanas, n 1. São Paulo, 2017.

MOLINA, Antonio García-Pablos de et al. **Criminologia – Introdução a seus fundamentos teóricos. Introdução às bases criminológicas da lei 9.099/95** – Lei dos Juizados Especiais Criminais. 7 ed. São Paulo. Ed. Revista dos Tribunais, 2010.

MONTANER, Raquel. ***The Non-Compliance Offence of Sentences and Measures of Protection for Domestic Violence Victims: Criminal Responsibility for the Woman Who Agrees or Instigates the Non-Compliance?*** *(October 22, 2007). InDret, Vol. 4, 2007, Available at SSRN: https://ssrn.com/abstract=1416628.*

MOSCHOVICK, Marília. **"Machismo estrutural", oculto e terrível. Opressão caricatural reduziu-se. Mas mulheres seguem discriminadas em posições de liderança ou forçadas a "ser como eles". Por que?** Artigo publicado em https://outraspalavras.net/sem-categoria/machismo-a-opressao-primeira/. Acesso em 20 jan. 2021.

NASCIMENTO, Marcos. **Metodologia de grupos reflexivos de gênero** / Adriano Beiras, Alan Bronz. – Rio de Janeiro: Instituto Noos, 2016.

NARVAZ, Martha Giudice, e outra. **Famílias e patriarcado: da prescrição normativa à subversão criativa.** Psicol. Soc. vol.18. no.1. Porto Alegre. Jan./Apr. 2006. Disponível em: https://www.scielo.br/scielo.php?script=sci_arttext&pid=S0102-71822006000100007. Acesso em 21 abr. 2021.

NETTO. José Paulo. **Uma face contemporânea da barbárie**. Artigo baseado na comunicação apresentada na sessão temática "O agravamento da crise estrutural do capitalismo: o socialismo como alternativa à barbárie" do III Encontro Internacional Civilização ou Barbárie (30 de outubro a 1º de novembro de 2010), promovido em Serpa (Portugal), pela Câmara Municipal de Serpa e o diárioinfo, sob a coordenação geral de Miguel Urbano Rodrigues e Catarina Almeida. Professor Titular da Escola de Serviço Social da Universidade Federal do Rio de Janeiro (UFRJ).

NUCCI, Guilherme de Sousa, **Código de Processo Penal Comentado**, 11ª Edição, RT. 2011.

NUNES, Roberta De Ávila E Silva Porto. **Grupos Reflexivos Virtuais Para Homens Autores De Violência Doméstica Na Pandemia**: O Projeto Renovação Da Defensoria Pública Do Distrito Federal. Escola da Magistratura do Estado do Rio de Janeiro. Rio de Janeiro. 2020.

ODALIA, Nilo. **O Que é Violência.** Ed. Nova Cultural/ Brasiliense. São Paulo. 1985.

PACELLI, Eugênio. **Curso de Processo Penal**. 22ª edição. São Paulo: Atlas, 2018.

PASINATO, Wânia. **Enfrentamento da Violência contra as Mulheres em Belo Horizonte**. In: Elcylene Leocadio; Marlene Libardoni (Orgs.).Brasília: Agende/ SPM. 2006.

PEÑA, Marta Cintas. ***Los antecedentes neolíticos de la desigualdad de gênero.*** (Universidad de Sevilla). Artigo disponível em: https://www.ciperchile.cl/2019/07/19/los-antecedentes-neoliticos-de-la-desigualdad-de-genero/. Publicado em 19.07.2019. Acesso em 15 mai 2021.

PEZATTI, Erotilde Goreti. **A gramática da derivação sufixal: os sufixos formadores de substantivos abstratos**. Departamento de Letras Vernáculas – Instituto de Biociências, Letras e Ciências Exatas – UNESP – 15055 – São José do Rio Preto – SP. 1990.

PIJOAN, Elena Larrauri. ***¿Por quere tiran lãs mujeres maltratadas lãs denuncias?*** Publicado en *UNED. REVISTA DE DERECHO PENAL Y CRIMINOLOGÍA*. 2ª época, n. 12. *España*. 2003.

PINTO, Viviane Carla de Melo Ribeiro, **Agressão: do *Homo sapiens* ao *Homo economicus*: desdobramentos políticos e educacionais**. UFES – Vitória – 2017. Disponível em http://repositorio.ufes.br/jspui/bitstream/10/8602/1/tese_11099_DISSERTA%C3%87%C3%83O%2031%20DE%20MAIO%20%20-%20Word%20para%20PDF%20-%2018-4-17%20%284%29%20%282%29.pdf. Acesso em 06 mar. 2021.

PRIORE, Mary Del. **A mulher na história do Brasil**. São Paulo: Contexto, 1994.

RAMOS, Ana Luisa Schmidt. **Violência psicológica contra a mulher: o dano psíquico como crime de lesão corporal**, 2ª ed., EMais Editora & Livraria Jurídica, Florianópolis, 2019.

RIBEIRO, Diana, e outras. **As ondas feministas: continuidades e descontinuidades no movimento feminista brasileiro.** Revista de Ciências Humanas e Sociais. Disponível em: https://revistas.ufob.edu.br/index.php/revistasul-sul/article/download/780/989. Acesso em 21 abr 2021.

ROSENBERG, Marshall B. **Comunicação não-violenta: técnicas para aprimorar relacionamentos pessoais e profissionais.** Tradução Mário Vilela. – São Paulo: Ágora, 2006.

RUBIO, Arantza Campos. ***Aportaciones iusfeministas a La revisión crítica Del Derecho y a La experiencia jurídica. Mujeres y Derecho: Pasado y presente*** *I. [Congreso multidisciplinar de La Sección de Bizkaia de La Facultad de Derecho. III. Panel. Las mujeres: ¿titulares de derechos? Em El derecho Público]. Adela Asua Batarrita. Moderadora. Octubre de 2008.*

SAFFIOTI, Heleieth. **A Mulher na Sociedade de Classe: Mito e Realidade.** Coleção Sociologia Brasileira. Vol. 4. Petrópolis: Vozes, 1976, pág. 36.

_____. **Contribuições feministas para o estudo da violência de gênero**. Dossiê: Feminismo em questão, questões do feminismo. Cad. Pagu. no.16. Campinas. 2001.

_____. **O poder do macho**. São Paulo: Moderna, 1987.

_____. **Gênero, patriarcado, violência**. São Paulo: Perseu Abramo, 2004.

_____. **Violência de gênero, poder e impotência**. Rio de Janeiro: Editora Revinter Ltda, 1995.

SANAHUJA, María. ***"Las protecciones a mujeres están paralizando a La policía".*** *España. EL PAÍS,* domingo 3 de septiembre de 2006.

_____. ***Fracaso de La Ley de violencia de gênero.*** Forum Libertas. Temas e Noticias. Sociedad, *España.* 29/12/2008.

SÁNCHEZ, Luciana. ***Feminismo legal y abolicionismo: El cocinero, El ladrón, su mujer y su amante***. Disponível em <http://www.pensamientopenal.com.ar/articulos/feminismo-legal-abolicionismo-cocinero-ladron-su-mujer-su-amante>. Publicado em 17 de maio de 2006. Acesso em 12 fev. 2021.

SANTOS, Jeová Rodrigues dos. **O fenômeno da violência contra a mulher na sociedade brasileira e suas raízes histórico religiosas**. Tese apresentada à Banca Examinadora do Programa de Pós-Graduação em Ciências da Religião, da Pontifícia Universidade Católica de Goiás, como requisito parcial para obtenção do grau de doutor. Goiânia. 2014.

SANTOS, Silvana Mara de Morais dos. e outra. **Igualdade nas relações de gênero na sociedade do capital: limites, contradições e avanços**. Rev. Katálysis. Vol.13. No.1. Florianópolis. Jan./June, 2010.

SENKEVICS, Adriano. **O patriarcado pensado pelo feminismo radical**. Disponível em http://ensaiosdegenero.wordpress.com/tag/feminismo-radical/. Publicado em 13/02/2012. Acesso em 28 out. 2019.

SCHOLZ, Roswitha. **Objeções da crítica da dissociação-valor a algumas abordagens da atual crítica feminista da economia.** Disponível em http://www.obeco-online.org/roswitha_scholz17.htm. Acesso em 18 out. 2020.

SCOTT, Joan, ***Gender: a useful category of historical analyses. Gender and the politics of history.*** *New York, Columbia University Press.* Tradução: Christine Rufino Dabat e Maria Betânia Ávila. 1989.

SILVA, Bruna Camilo de Souza Lima e. **Patriarcado e teoria política feminista: possibilidades na ciência política.** Dissertação apresentada ao Programa de Pós-Graduação em Ciência Política da Universidade Federal de Minas Gerais, como requisito parcial à obtenção do título de Mestre em Ciência Política. Orientador: Prof. Dr. Juarez Rocha Guimarães. Belo Horizonte. 2019.

SILVA, Sergio Gomes da. **Masculinidade na história: a construção cultural da diferença entre os sexos.** Revista: Psicologia: Ciência e Profissão.vol.20 no.3. Brasília. Set. 2000. ISSN 1414-9893.

SIMÕES, Fatima Itsue Watanabe e outro. **Mulher, mercado de trabalho e as configurações familiares do século XX.** Revista Vozes dos Vales da UFVJM: Publicações Acadêmicas – MG – Brasil – Nº 02 – Ano I – 10/2012 Reg.: 120.2.095–2011 – PROEXC/UFVJM – ISSN: 2238-6424.

SOARES, B. M. **Enfrentando a Violência contra a Mulher**: orientações práticas para Profissionais e Voluntários (as). Brasília: Secretaria Especial de Políticas para as Mulheres, 2005. Disponível em: http://bvsms.saude.gov.br/bvs/publicacoes/enfrentando_violencia.pdf Acesso em: 13 de novembro de 2020.

SOUSA, Sandra Maria Nascimento. **Mulheres em movimento: memória da participação das mulheres nos movimentos pelas transformações das relações de gênero nos anos 1970 a 1980.** 2 ed. São Luís/MA: EDUFMA, 2009 ISBN 978-85-7862-064-6, págs 20 e 60.

SOUZA, Luanna Tomaz, e outra. **É possível compatibilizar abolicionismos e feminismos no enfrentamento às violências cometidas contra as mulheres?** Revista Direitos Culturais | Santo Ângelo | v. 15 | n. 35 | p. 129-157 | jan./abr. 2020.

TORRES, Albina Rodrigues e outras. **O ciúme enquanto sintoma do transtorno obsessivo-compulsivo.** Rev. Bras. Psiquiatr. vol.21. n.3. São Paulo. 1999.

TOURINHO FILHO, Fernando da Costa. **Processo Penal.** 35ª Ed. São Paulo: Saraiva, 2013.

VIEIRA, Letícia Becker, e outras. **Abuso de álcool e drogas e violência contra as mulheres: denúncias de vividos**. Revista Brasileira de Enfermagem. Brasília. 2014.

VILHENA, Junia de, e outra. **Agressividade e violência: reflexões acerca do comportamento anti-social e sua inscrição na cultura contemporânea.** Rev. Mal-Estar Subj. v.2. n.2. Fortaleza. set. 2002.

WITTIG, Monique, ***The Straight Mind and other Essays,*** Boston: Beacon, 1992.

WOLLSTONECRAFT, Mary. **Reivindicação dos Direitos da Mulher**. Edição comentada do clássico feminista. Editora Boitempo. São Paulo. 2016.

XAVIER, Noemi Pinheiro. **Violência e Feminicídio: o papel da educação em defesa da mulher**. Joinville, SC, Clube de Autores, 2019.

ZANELLO, Valeska; FIUZA, Gabriela; COSTA, Humberto Soares. **Saúde mental e gênero: facetas gendradas do sofrimento psíquico.** Fractal, In: *Rev. Psicol,*Rio de Janeiro, v. 27, n. 3, p.238-246, dez. 2015.

ZANELLO, Valeska. **Saúde mental, gênero e dispositivos: cultura e processos de subjetivação.** Curitiba: Appris, 2018.